その
「どうしてわかってくれないの！」
がなくなる

女子の言いかえ
辞典

マリアージュコンサルタント
斎藤芳乃
Yoshino Saito

「言わなくてもしてほしい」
を自然と叶える
100の方法

廣済堂出版

はじめに

「こんなに彼を思っているのに、ちっとも伝わらない」
「それどころか、なぜか怒らせてしまう……」

思いやりや優しさのつもりであっても、そしてなぜか頑張れば頑張るほど、大切な人との関係がうまくいかなくなる。そんな経験はありませんか？
実は、こうしたときほど、「つもり」の意図がきちんと彼に伝わらずに、誤解されてしまっていることも多いのです。

なぜこんなことが起きるかというと、ふたつ、理由があります。
ひとつ目は**「女性脳」**と**「男性脳」**の違いです。感受性がとても豊かで、いろいろなことを抒情的に捉えることが得意な女性にとっては当然のことであっても、男性側からすれば、まるでまったく別の星に住んでいる人のような、異次元の表現に聞こえてしまうことがあるのです。

そして、もうひとつは、**「人生の違い」**です。これまで育ってきた経緯や価値観が違うからこそ、ある人にとってはとてもよく理解できることでも、ある人にとってはさっぱり想像できない、同じ人間であったとしても、それくらい大きな差が生まれてしまうのです。

本書では、こうした「伝えているつもりなのに」というあなたのジレンマや葛藤に寄り添いながらも、「じゃあ、どうしたら伝わるの？」に重点を置いて、会話形式で新しい「伝わる伝え方」を提案していきます。

「なぜそう伝える必要があるのか？」まで解説していますから、すべてを本書に書かれている通りにしなくても、大丈夫。**ポイントを押さえていれば、どんどん相手に「伝わる伝え方」ができるようになります。**なので、安心してくださいね。

あなたが抱いている大切な想いや優しさ、願い、愛情、希望……こうしたことを上手に伝えられることで、人生は、今までになかったような素晴らしい可能性を見せてくれるようになります。一人でできなかったことを二人で成し遂げられるようになり、助けてもらったり、自分も彼を助けて感謝されたり。そんなふうに絆《きずな》を深めながら、新しい人生の景色を次々に見られるようになっていきます。

それくらい、**会話には、「たかが会話」ではなく、素晴らしい可能性が秘められている**のです。

あなたが本書を通して、「伝わる伝え方」ができるようになり、今までに経験したことがない人生の喜びや達成感を感じられますように、心からお祈りしています。

女子の言いかえ辞典

目次

Contents

Chapter

1

自分の希望を上手に伝える方法

彼へのお願いごと・頼みごと

001

×

NGな一言

「この前も言ったんだけど」
「なんで覚えてないの？」

←

○

通じ合う一言

「○○を覚えておいてくれると、うれしいな」

覚えておいてほしいことは
何度でも伝える

せっかく意を決して話したことも、彼が忘れてしまっていたらとてもショックですよね。ただ、覚えていたくても忘れてしまう、ということは誰しもあるものです。また、あまりにも完璧主義を彼に求めることで、彼はそれをプレッシャーに感じてしまいます。ですので、もし、あなたがこうした場面に遭遇したら、次のふたつのことを伝えてみてください。

ひとつ目は、**もう一度、彼に覚えておいてほしいことを伝えること。**そして、実際に彼に今、やってほしいことがあるとしたら、それを伝えてから、今、目の前で一緒にやってみましょう。「月曜日の朝は、一緒にゴミ捨てしてほしい」、そして今、一緒にゴミ捨てをするという感じですね。こうすることで、「覚えていない・覚えている」という部分で喧嘩をするのではなく、「彼にやってほしいこと」ということが達成されるので、結果的に問題を解決することができます。

ふたつ目は、**伝えたいことを紙に書いて貼っておくこと**です。目の前にないことは人は忘れがちです。それを改善するために、視覚化しておきます。伝え方を変えてみる。それによって、相手が覚えられなかったとしても、問題なく快適に過ごせるようになるのです。

002

× NGな一言

「もっとデートの提案してよ！」

○ 通じ合う一言

「素敵なところ見つけたの！
今度、ここに行こう！」

喜びのリーダーシップは、感受性が優れている女性側がとる

実は、女性の感受性は男性よりも敏感で優れていることが多いです。「これが綺麗」「これが楽しそう！」「こうするともっとよくなるかも！」。もともと持っている想像力や繊細さを発揮することで、どんどん人生に喜びをもたらす女神になることができるのです。

でも、こうした感受性や想像力を上手に使えずに、「相手にやってほしい」「相手が自分の理想通りに素敵に振る舞ってくれたらいいのに」と、つい要求してしまうことがあります。

でも、男性側は、そうしたくても、感受性もイマジネーションも豊かなあなたとは違い、そんなに素敵な提案ができないこともあるのです。

だからこそ、**彼があなたに上手に提案できないときは、相手を責めるよりも、あなたが喜びのリーダーシップをとるようにしてみましょう。**あなたが率先して、「ここは素敵だから行きたい！」「ここが綺麗だから旅行しよう！」と提案することで、彼も「素晴らしいね！」と同意できるようになります。

パートナーシップは、「お互いに補い合い、与え合うもの」です。男性側が苦手なら、あなたが得なことを引き受ける！　それによって、最高のカップルになることができるのです。

003

× NGな一言

「これやっといてくれる？」

←

○ 通じ合う一言

「今、手が離せないから（理由）、
これをやってくれるとうれしい（お願い）」

まず理由を伝え、
そのあとでお願いをする

人は、どんなときに相手に協力したいと思え、そして、どんなときに相手に反感を持ってしまうのでしょうか？　その差が生まれるのが、今回のようなケースです。

「やっといてくれる？」という言葉は、彼を尊重しない命令のように聞こえます。彼は自分の都合や感情などを無視されて、一方的にやれと言われているように感じてしまいます。

でも、もしも**「今、どうしても手が離せないから」**とまず理由を伝えて、かつ、**「よかったらこれをやってもらえたらうれしい」**と、命令口調ではなく、あくまで相手の都合がよければお願いしたいというスタンスで伝えることができれば、彼は「尊重されている」という気持ちを持てるようになります。

ここでの鍵は、**「尊重」**です。理由を話すことで彼はあなたをより理解し、状況を把握できます。そして、彼はさらに自分の都合を尊重されていると感じます。

もちろん、このケースではお願いをしているにすぎないので、彼が都合によっては断る場合もあります。けれども長い目で見れば、彼を尊重するコミュニケーションを取り続けることで、息苦しさを生み出さずに協力し合える関係を作ることができるのです。

彼はあなたの道具ではありません。彼も一人の人間です。そこを理解して接することができるかどうかで、二人の間柄が永遠の愛になるかどうかが決まってしまうのです。

004

×

NGな一言

「いつだって、あなたは◯◯してくれない」

←

◯

通じ合う一言

「△△をいつもしてくれてありがとう。
ついでに、もし◯◯もお願いできると助かります」

彼の「やってくれたこと」をまず認めてから
次のお願いをする

相手に同じことを何度も繰り返されると、優しくしたい・許したい気持ちとは裏腹に、いらだってしまうこともありますよね。そして、悪いところばかり「指摘」された側は、それがたとえ本当のことであったとしても、あまりにきつい言い方だと素直に謝れなくなってしまうのです。このように、「指摘のされ方」によって、喧嘩になるか、素直に受け取れるか、分かれ道ができてしまうのです。

こんなときは、「人はフォーカスされた部分を拡大させる」という働きを上手に使いながら伝えてみましょう。

「あなたはいつもやってくれない」と悪いところばかりフォーカスするのではなく、まずは**「普段相手がやってくれていること」を拡大して感謝すること。**その上でプラスしてやってもらいたいことを伝えるのです。「いつも皿洗いを手伝ってくれてありがとう。ついでに、食器の片付けも手伝ってくれると助かる」というようにです。

彼はやってくれている。その能力を認めながら、ほんの少しだけお願いの範囲を広げていく。これであれば、彼も「認められている、承認されている」という気持ちになり、あなたを助けることも苦ではなくなります。

認めることは、それだけ人を動かす力があるのです。

005

×

NGな一言

「あなたのせいじゃない！」
「あなたが悪いんじゃない！」

←

○

通じ合う一言

「私も◯◯の部分が悪かった、ごめんね。
だから一緒に改善したい」

「お互いさま」の気持ちが
二人の愛を深める

二人の関係性は、あくまで二人が作るもの。「お互いさま」のところがあるのですが、ときにそこを忘れてしまい、「あなたが全部悪い」「あなたのせいで」と、責めてしまうときもあるかもしれません。「私は精一杯頑張っている」という優しい人ほど、こうして魔がさしてしまうこともあると思います。

でも、そうしたときほど、ほんの少しだけ、**「お互いさま」**ということを思い出してほしいのです。

たとえば、あなたがしっかりやっていたとしても「言い方がきつかった」。

たとえば、あなたがちゃんとやっていたとしても「どこかで相手を見下していた」。

こうした無意識的な働きがあれば、「ちゃんとやっていた」としても、彼の心は離れてしまいます。

彼が動いてくれないときは、自分でも気づかない部分で、二人の関係性を悪くしてしまうことをしている場合があります。勇気を出して自分の在り方を振り返ってみましょう。

「私も言い方が悪かったね、私も改善するね」

「私も余裕がなくて、思いやれてなくてごめんね」

お互いさまを思い出せたとき、二人の愛は再び蘇るのです。

006

× NGな一言

「なんでいつもそうなの？」

○ 通じ合う一言

「もし○○が苦手なら、私がやるね。
あなたが得意な△△は任せる」

お互いに苦手な部分は
補完し合うことが大切

実はこのケースでは、ふたつの問題が隠されています。

ひとつ目は、「いつもそう」と悪い部分ばかりにフォーカスされると、人は自分はそうだと思いこむ習性があること。

ふたつ目は、「いつもできない」ことを指摘しているのですが、もしかしたらそれは、あなたが当然できたとしても、彼は苦手でできないことかもしれない、ということです。

ひとつ目の場合は、**「〇〇してくれると助かる」というように繰り返し伝え、彼がやってくれたら心から感謝する**ようにしてみてください。

「わぁ、ありがとう！　本当に助かる！」。このような心からの感謝＝良いところへのフォーカスは、彼の自尊心を育て、やる気も持たせてくれます。

ふたつ目の場合は、彼ができない部分であれば自分がする、という意識で伝えてみてください。**あなたができることは「私がやる」と引き受け、彼には別のことをやってもらうように心がけてみましょう。**忘れ物をよくするのであれば、あなたが覚えておく。洗濯物を入れ忘れても、あなたが入れる。その代わりに、掃除などはやってもらう。

こうして「補完し合う」ことを意識していくと、争いになりません。特性を活かしながら一緒に生きていくこと。それがパートナーシップではとても大切なことなのです。

007

×

NGな一言

「元カレと付き合っていたら、
今頃こんなことにはなっていなかったのに」

←

○

通じ合う一言

「私はあなたと、○○な未来を築いていきたい」

「あなたを大事に思っている」
という想いを伝える

実は、人は過去を無意識に美化する習性を持っています。もう、目の前にないからこそ、どんな美しいものにも変えることができる。そのため、「実際は違っていたとしても」想像で過去の恋も別れた恋人も美しく見えてしまうことがあります。

もちろん、それはいけないことではありません。自分が愛した過去を尊重し、大切にすること。それは、自分の人生を肯定することにつながります。ただ、その回想があまりにも美化されてしまうと、目の前のことを疎《おろそ》かにしてしまうんですね。

「元カレと付き合っていたら」という言葉も、そのひとつです。

この言葉は、あなたの本心である**「本当は元カレがしてくれたようにしてほしい」「素敵な恋愛をしていた過去のようにあなたと過ごしたい」**という気持ちよりも、元カレと比較されて全否定された――そんなショックが彼の心に残ってしまいます。

だからこそ、こうしたときほど、**「美化した過去のようなことを、私はあなたとしたい」という気持ちをしっかりと伝えていきましょう。**もう、元カレはいない。でも、あなたは目の前にいてくれている。だからこそ、本当はあなたにわかってほしい。誰よりも。

その願いを込めて、「私はあなたと○○したい」と、彼の存在を尊重しながら伝えていきましょう。

008

×

NGな一言

「友達の彼氏は～なのに、
どうして○○君みたいにできないの？」

←

○

通じ合う一言

「友達が○○してもらっていて素敵だった。
私もそんなふうにあなたとしたいな」

願いを上手に伝えるには
「私も○○したい」のフレーズが有効

「あなたではダメ」というのは、存在を否定する言い方です。あなたはできない、あなたは足りない、あなたはダメ。そう言われたとしたら、たとえ普通の友人関係であったとしても、「じゃあその相手と一緒にいたら？」とうんざりしてしまうと思います。

たとえあなたの願いが、「○○君のように、私に対してもしてほしい」という純粋なものであったとしても、願いよりも相手への否定のほうが先に伝わってしまうのです。

また、このとき、もうひとつのポイントがあります。**「あなた」を主語にせずに、「私はしたい」とアイメッセージで伝えること**です。「友達がこんなふうにしてもらったよ！」と伝えたとしても、「だから？」と、あなたの意図まで汲《く》めないことがあります。あくまで友達の話で終わってしまうのです。

けれど、「私は○○したい」としっかり意思を伝えることで、「じゃあ次にやろうね」と、目的をはっきりさせることができるのです。

汲んでほしい、わかってほしい、そんな想いは厳しいようですがときに甘えになってしまうことがあります。彼に誤解をさせ、あなた自身もフラストレーションを溜めてしまうことになりかねません。でも、**まっすぐな伝え方を心がければ、あなたは人生で成し遂げたい願いをどんどん叶えることもできるようになる**のです。

009

×

NGな一言

「私は家事を頑張っているのにあなたときたら！」

←

○

通じ合う一言

「今回はこれを頑張ったの！」
「一緒に頑張ろうね！」

あなたの頑張りは、「見える化」することで彼に伝わる

こんなに頑張っているのに。そんな悲痛な思いは、どこから生まれるのでしょうか？それは、「彼から認められていない」と感じたときです。

でも、なぜ彼があなたを認めてくれないかというと、「あなたの頑張りに意識が向いていない」ことがあるためです。

人は、あえて言われなければ目に留めないことが多くあります。

たとえば、普段車を走らせているときに、「この道路を頑張って作ってくれた人がいる」とあえてそこにフォーカスしなければ、何も感じません。でも、この話をしたあとは、「そうだ、道を作ってくれている人もいるんだ」「そういえば、自動販売機を開発してくれた人もいる」「花を育ててくれている人もいる」というように、あらゆることに目を向けられるようになります。このように「あえてフォーカスする」ことで、人は認めることができるのです。

そのため、あなたの頑張りも、もしかしたら彼の意識に上がっていないかもしれません。そんなときは、**かわいらしく「頑張ったの！」と自慢してしまいましょう。**

その上で、「一緒に頑張ろうね」と、お互いに頑張ることを伝えていきましょう。

頑張りも、ほめも、見える化する。それが、毎日の愛情につながっていくのです。

010

× NGな一言

「私ならこうする、
私だったらこう考える、
私の場合は〜」
（すぐに自分の話にする）

○ 通じ合う一言

（相手が求めたときに初めて自分のケースを伝える）

あえて話さないことも
立派なコミュニケーションになる

頑張りを認めてもらえないこと。相手の有能さばかりを伝えられること。これは、人間関係を壊す原因となる会話です。

なぜなら人は、直接否定されたわけではなくても、相手の有能さばかりを伝えられると、「私はそんなにできない人間なんだ」と傷つき、自己否定し、萎縮《いしゅく》するようになり、さらに失敗を重ねるようになり、最終的にはその〝有能な人〟から離れたくなってしまうからです。

そうならないためにも、「あくまでこれは相手の体験談なんだ」ということを踏まえて、ただ耳を傾けるようにしてみてください。そして、求められたときに初めて、「そうだな、もし私だったら」と伝えるようにしてみましょう。

求めるまで待つ、それも立派なコミュニケーションです。

コミュニケーションには、「聞くこと」も含まれます。そして、「聞くこと」の中には、相手の気持ちを思いやったり、相手の存在を尊重したりすることも含まれます。

ただ黙って聞いているのではなく、自分が話さないことで相手を尊重している。そんな新しいコミュニケーションも試してみてくださいね。

011

× NGな一言

「私はこんなにしているのに、
私はこんなに頑張ってるのに」

↓

○ 通じ合う一言

「この部分を助けてほしい」

**我慢をする前に、
彼に助けてもらうことが大切**

実は、**我慢してしまう人ほど、世間やパートナーに対して不満を抱きやすい**のです。

その理由は、我慢することによって結果的に一人で頑張ることが多くなり、助けを得られないことで負担が増してしまうから。さらに、我慢するということは、自分自身が「相手に不満を言わない」という選択をしているということ。言わないから伝わらないのですが、そこが見えなくなってしまうと、「私はこんなに頑張っているのに」という不公平感にさいなまれるようになります。

こうした犠牲の自作自演は、〝そんなにあなたが頑張る前に〟彼に助けを申し出ることで変えていくことができます。

「家事を一緒にやってほしい」「これが辛いから変えてほしい」「一人の時間を作りたいから協力してほしい」

「こんなにしているのに」の部分を、あえて〝しない〟。そして、彼に助けてもらう。

その結果、あなたは我慢する前に助けを得られることになり、「こんなに頑張っているのに」という不満まで到達しなくなります。

会話は、ただの会話としての役割だけではなく、あなたの人生やスタンスを守ってくれる役割もしてくれるのです。

012

×

NGな一言

食べたいものを「なんでもいい」
提案すると「それはちょっと」

→

○

通じ合う一言

「決められないから決めてほしい」
「これが食べたい」
「こういうお店がいい」

自分の希望を伝えることは、
彼への愛情につながる

基本的に、パートナーがあなたに提示する提案は、そのときに相手がよいと思った基準で行われています。「今は気楽に食べたいなあ」と思ってファミレスを提案することも、決して意地悪で言っているのではなく、そのときの気分や状態に沿って考えたものです。

でも、もしその提案が嫌な場合は、**あらかじめ彼に決定を委ねるのではなく、「こういう基準で決めてほしい」ということを伝えておきましょう。**

今日は和食が食べたい、カジュアルなお店じゃなくて綺麗なお店がいい、個人でやっているようなところで美味しいお店を開拓したいな、など。ふんわりとしていても、ある程度基準があれば、そこから二人で一緒に条件を満たすお店を探すということができます。

あるカップルが、いつも「相手が勝手に決める」ということで揉めていました。でも、女性が「ある程度こういう基準がいい」ということがわかったため、その基準を伝えるように心がけました。すると、「じゃあ今日は、二人の基準を満たすような店を探してみようか」ということになり、新しい世界が広がっていったのです。

「知らせる」ということは、彼への愛情です。伝えることで、わかり合える。伝えるからこそ、彼との関係が豊かになる。会話には、こうした素晴らしいチャンスが秘められているのです。

Chapter 2

さりげなく彼に自分の本音をわかってもらう

断り方・嫌なことの伝え方

013

× NGな一言

「どうしていつも○○しない（する）の？」

←

○ 通じ合う一言

「これからは○○してね（してほしい）」

なぜ？どうして？は
「責め」に聞こえてしまう言葉

なぜ、いつもこんなふうに振る舞うのだろう？　いつも頑張って最善のやり方を工夫しようとしているあなただからこそ、つい、「なぜ？」と言いたくなってしまうこともあると思います。自分と違うパターンで生きる人を見たとき、「どうして」と疑問を抱くのはとても自然なことなんですね。

ただ、「どうして？」と疑問を抱いていても、実際にそれを言葉で伝えてしまうと、彼は「問いつめられている」と感じてしまうのです。その理由は、人の脳は、「なぜ」と尋ねられると、その理由を探すことに注力してしまうから。本当は改善してほしいという意図なのに、「なぜやらないのか理由を述べよ」という「責め」に聞こえてしまうのです。

そうしたときは、**「なぜ？」と尋ねるのではなく、「これからは◯◯してほしい」と具体的に指示を出すようにしましょう。**過去に意識を向けるのではなく、これからの二人の関係をよくしたい。そこに注目し、**実際の改善策を提示することで、相手はより協力しやすくなります。**責められてもいない、かつ、これから実際にやるべきこともわかるからです。

彼をより深く理解したいからこそ、なぜ、と問う。でもそれが伝わらないコミュニケーションになるのであれば、本当にあなたが伝えたい、二人で成したい愛を達成できる伝え方に変えていきましょう。

014

× NGな一言

「いつも〜〜は嫌だって言ってるじゃない！」

○ 通じ合う一言

「これからは〜〜してね」

優しく伝えれば、
彼の「習慣」は変えられる

とても悲しいことに、私たちは生きてきた背景が異なります。付き合いたての恋人同士のときは相手に敏感に配慮します。

そのため、何が嫌で、何がうれしいのか。

けれど、付き合いが長くなるにつれ、いつのまにか「わかってくれて当然だろう」という前提で話をするようになります。しかし、そうなると、相手の生きてきた背景を無視して欲求だけを押しつけてしまうことになるのです。

だからこそ、**何も知らなかった初心に戻り、「これからは〜〜してね」と優しく伝えるようにしてみてください。**

「洗濯物を洗濯機に入れてね」ということも、彼の生きてきた背景によっては、母親（奥さん）がやって当然のことだったかもしれません。だからこそ、**よりはっきり具体的に自分の欲求を伝えることで、次第に彼の中の「当然」を変えていくことができます。**

違う人間だからこそ、習慣になっていることも異なります。でも、だからと言って、人は習慣を変えられないものではありません。

でも、そのためには、一度ではなく複数回伝えることが必要にもなります。習慣を変えるには時間がかかることを、覚えていてくださいね。

015

×
NGな一言
「○○しないでって言ってるでしょ！」

○
通じ合う一言
「これからは○○してね」

「しないで」より「してね」という言い方が効果的

相手が自分を理解し受け入れてくれたらうれしいという望みは、誰もが持っているものです。そして、そうした願いを持つことは、決して悪いことではありません。愛しているからこそ、そう願うからです。ただ、その願いが禁止・制限といった「否定系」の言葉になる場合、相手の脳が認識しづらいことを知っていますか？

これは脳の仕組みの問題になりますが、脳は否定的な言い方をされたとき、その内容よりも「否定」をより強く感じます。そのため、「これをしないで」という指示よりも、自分が否定されている、怒られているというインパクトでいっぱいになってしまうのです。

小さな子供が「しないでって言ってるでしょ！」と怒られて号泣している場面を、あなたも見たことがあると思います。これは、自分が否定されたことへのショックに対する号泣なのです。

ですので、**相手に指示を出すときは、「しないで」という禁止・制限ではなく、「これからは○○してね」という言い方をしてみましょう。**「散らかさないで！」ではなく、「ここにまとめておいてね」。「やりっぱなしにしないで」ではなく、「元に戻しておいてね」。「汚くしないで」ではなく、「綺麗に使ってね」。

脳の仕組みを上手に使うだけで、穏やかに相手を動かすことも可能なのです。

016

× NGな一言

「本当は◯◯しないでほしかった！」

「本当はずっと我慢してたのに！」

→

◯ 通じ合う一言

「今までは◯◯だったけれど、
これからは△△してくれるとうれしい」

「本当は」は、
彼に疑心暗鬼を抱かせてしまう言葉

「本当は」という言葉は、とてもインパクトがある言葉です。なぜなら、今までのことは嘘だったという意味にもなるからです。でも、「自分の本音を伝えることよりも、相手のためによかれと思って」我慢してしまう癖がある人ほど、ずっと「本当は」を抑えてしまいがちですね。

ただ、その「よかれ」は、結果的に彼との楽しい関係性を壊してしまうことがあります。あのときのことは全部嘘だった。そう言われて、「俺のために我慢してくれてありがとう」と思える人は、ほとんどいません。「どうしてそのとき言ってくれなかったの？」「自分はずっと、嘘をつかれていたの？」――そんな疑心暗鬼を抱かせてしまいます。

ですので、**「今まで我慢してきたけれど、でももう我慢できない」ということを伝えるときは、「本当は」を抜かして、「今までは◯◯だったけれど、これからは△△してほしい」というように伝えてみましょう。**

今までのことも否定しない。でも、そのルールだと辛いから、これからは違うルールにしたい。こう伝えることで、「これからルールを変えていきたい」というあなたの意思は伝わります。**過去を否定することなく、未来も変えられる。一番大切なことにフォーカスすることで、信頼を保ちながら、関係性を変えていくことができるようになります。**

017

× NGな一言

「ん～……わかった、それでいいよ(しぶしぶ)」

○ 通じ合う一言

「私は◯◯したい」

彼に合わせてばかりいると、
関係は壊れてしまう

彼に合わせることは、女性の得意なことですね。特に優しい人ほど、無理をしても彼に合わせることが当然になっているかもしれません。ただ、その優しさは、ときに二人の関係を悪化させてしまうことがあります。

なぜなら、一瞬、彼に合わせることができたとしても、それは一時的な満足に過ぎないから。**本当に親密な関係とは、一時的に合わせるのではなく、「その後、その関係をずっと続けていくのによりベストなこと」を話し合える関係**です。一瞬彼に合わせても、その後我慢できなくなって爆発して別れるくらいなら、その一瞬、彼に100%合わせられないとしても、ずっと関係を続けていける方法を選択してみてください。

そのためにも、しぶしぶ合わせるのではなく、自分の意思を伝えていく。ただし、そのときには、彼にも自分の意思がありますから、あなたの伝えたことは通らないかもしれません。ただ、「自分にも意思がある」ということを伝えることで、「自分の意思を尊重する」ということができます。また、彼も「自分と相手は異なる人間なんだ」というより深い理解と尊重ができるようになります。

どちらかが犠牲になるのではなく、お互い違う人間だからこそ、理解しあっていく。愛はこうして、二人で育てていくものなのです。

018

× NGな一言

「やめてって言ってるでしょ！」

→

○ 通じ合う一言

「それをされたら悲しい」

怒りの感情を出す前に、
本当に伝えたいことは何かを思い出す

実は、怒りは「第二感情」だと知っていますか？　人は、怒りの下にもっと深い「悲しみ」「孤独」などを感じていて、それが本当に感じている感情（第一感情）です。ただ、コミュニケーションでは、その悲しみや孤独感を感じることより先に、誰もが自分を守るために「ひどいことをされた！」と反射的に第二感情の怒りが出てしまうことがあるのです。怒りの感情は強いので、相手の怒りを引き出してしまうことがあります。

こうなると、もう手がつけられなくなりますよね。ただ、そのネガティヴな喧嘩《けんか》のパターンを変える方法があります。たとえば、「やめて！」と怒鳴ってしまったとき。本当は、「それをされたら悲しい」という感情があなたの中に眠っています。そして、**「それをされたら悲しいからやめてね」が、あなたの本当に伝えたいことです。**怒鳴って威嚇《いかく》したいわけではなく、喧嘩をしたいわけでもなく、そちらが本当の感情なのです。

怒りは反射的に出てしまうものなので、コントロールしづらいかもしれません。それでも、**普段から「こうされたら悲しい」「本当はこうしてほしい」と、自分の本心（第一感情）に触れていることで、実際の場面でも、素直に感情を表現できるようになります。**

コミュニケーションは、相手との会話だけではなく、自分のことを深く知ることでよりスムーズになるのです。

019

×

NGな一言

「言う前にわかってよ！」

←

○

通じ合う一言

「私は（具体的に）○○されるのが嫌だから、
○○してほしい」

「言う前にわかってほしい」は無理。
ちゃんと具体的に伝える

言う前にわかってほしい、というのは、おそらくすべての人類の願いだと思います。わざわざ自分の思いや心の声を言語化しなくても、彼が察してすべてをやってくれたとしたら苦労しませんし、とても満たされますよね。

こうした「言うことなくわかりあいたい」という願いは、人類が本能的に持っている「母親との同一化」から生まれる気持ちです。人は、母の母体の中で一体化した状態で育ち、そこから肉体を分離してこの世界に生まれるため、「母親と同一である」「母親と同一でありたい」という本能的な欲求が大きいのです。そのため、**どうしても「自分と同じであってほしい」という、「言わなくても察してもらえる」という状態を願いやすい**のです。

けれど、冷静に考えれば、これは無理なお話ですよね。彼は自分とは違う人間、すべてを察することができるわけではありません。だからこそ、「自分のことをちゃんと相手が理解できるように解説する」というワンクッションが必要になるのです。

伝える前にわかってほしいけれど、でも、それは無理なことだから、ちゃんと伝えよう。心持ちとしては、ただこれだけで彼との関係は劇的に改善されます。

伝えることで彼があなたを理解してくれて、そしてあなたの思う通りにやってくれたら、母親と同一以上の、とても満たされる深い愛を感じられるようになります。

Chapter

3

あなたの思いが10倍伝わるほめ方

彼を上手にほめる

020

×

NGな一言

「さすが！」

「すごいねー！」

○

通じ合う一言

「○○するなんてすごいね」
「○○できてさすがだね」

素晴らしいと思った部分を具体的に伝える

　彼へのほめ言葉や称賛の言葉は、素晴らしいものです。でも、そこに具体性がないと、何度ほめられても表面的に感じ、次第に感動が薄れてしまうこともあります。

　人は基本的に、**自分のことを「注目してくれる」「見てくれている」**ことに、安心感を覚えます。


ほめるときも、どんなところがすごいのか。どんなところがさすがだと思っているのか。より具体性があると、彼の心に伝わりやすくなります。


　たとえば、ただ仕事をほめるだけではなく、時間をかけて人を統率して、ひとつのプロジェクトを進めている姿がすごい、など。あなたの目を通して素晴らしいと思ったことを具体的に伝えることで、より「相手に注目している」ことが伝わり、信頼関係が作られるようになります。

　また、あなたがこうして相手をしっかり見ていることが伝われば、それが彼にとっても「自分を本当に大切に思って見てくれている、かけがえのない、代わりのない人」と思えるようになります。

　こうして二人の間により親密感が増えることで、将来的に月日を重ねたとしても、「この人しかいない」と思えるようになり、浮気などをする恐れもなくなっていくんですね。

021

× NGな一言

「やればできるんだね！」

←

◯ 通じ合う一言

「〇〇できて本当にすごいね！」
「あなたのおかげで〇〇できて、本当にすごい」

ほめ言葉が、
皮肉に聞こえないように注意！

ほめ言葉は難しいもので、一見、ほめているように見えても、伝え方によっては皮肉的に伝わってしまうこともあります。

「やればできるんだね」という言葉は、まさにそれに当たります。

本当に相手が本気になってやったからこそ、できた。それは素晴らしいことです。

でもこの言葉には、「ずっとあなたがやらなかったからいけなかった。ダメだった」というようなニュアンスも含まれます。それゆえに、聞く人によっては、「それまではやらなかったよね」という嫌味に聞こえてしまうこともあるのです。

できれば、**ほめ言葉はそうしたネガティヴなニュアンスを含まずに、まっすぐに彼に伝わるようにほめましょう。**皮肉は一回ならまだダメージも少ないですが、いつもいつもとなると彼の心を閉ざし、「どうせこの人と話しても喜んでもらえない」と、心が離れてしまいます。

それくらい、**隠されたネガティヴさは彼の心に伝わり、心を傷つける**のです。

一言その場ではよいかもしれない。でも、長く関係性を続けていくと、余計な一言って意外とあるものです。できればそうした言葉は避けて、より愛情を深める言葉、より親密さが深まる表現をしていきたいですね。

022

× NGな一言

「意外としっかりしてるね」

◯ 通じ合う一言

「やっぱりしっかりしているね」

「意外と」より「やっぱり」で
信頼関係は深まる

「意外と」という言葉も、とても注意が必要な言葉です。

なぜなら、**「意外」と言ってしまうことで、「そもそもあなたが、彼のことをどう見ていたのか？」ということがはっきり伝わってしまうから**です。

「意外としっかりとしている」というように、「意外と」のあとにプラスの言葉を伝えることで、そもそもあなたが彼をマイナスに見ていたということがわかってしまいます。すると、伝えられたほうも、「じゃあそもそも自分のことをマイナスに見ていたっていうこと？」というように感じ、信頼関係が崩れかねません。

こうした不必要なやり取りをするよりは、もっと関係性を深めていく、喜びの表現を重ねていくように心がけましょう。

「意外と」と**「やっぱり」**。細かいようですが、たった一言でこれくらい、彼へ伝わることが180度変わってしまうのです。

人は、自分が普段どう思われているか、そこに敏感です。意識していないようでも、こうした相手を下げる・相手の信頼を奪う言葉は、毒のように少しずつその人との関係性を壊していきます。

伝えなくていいことは伝えないことも、会話の技術のひとつなのです。

023

× NGな一言

「○○はできるんだね、上手なんだね」

←

○ 通じ合う一言

「○○できて本当にすごいね」

皮肉、嫌味、上から目線、相手を見下すようなニュアンスに要注意

「○○はできるんだ」という言葉も、要注意です。一見感心しているように見えて、「ほかのことはできないのにそれはできる」という彼の能力の低さをからかうような、彼を上の立場からジャッジするニュアンスが含まれるからです。

このように、わずかなニュアンスから、人は相手をどう捉えているのか相手に伝わってしまいます。そのせいで、ほめているのになぜか彼の気持ちが離れてしまう、そんなことも起きてしまうのです。

皮肉、嫌味、上から目線、相手を見下すようなニュアンス。こうした言葉は、一見、あなたを大きく見せてくれるかもしれません。ですが、今後、愛情を築いていきたいのであれば、こうしたニュアンスを含むことなく、ただまっすぐに彼をほめるように心がけてみてください。

言霊《ことだま》という言葉がありますが、その通りに、**あなたが発しているエネルギーは、彼の心に響き、彼との関係性の流れを決めていきます。**

あなたがまっすぐにほめれば、彼との関係性も（たとえ今まで歪《ゆが》んでいた部分があったとしても）、再び正され、信頼関係も復活していくのです。

言葉には、それだけ未来を決める力もあることを知っておきましょう。

024

×　NGな一言
「感心した」

○　通じ合う一言
「感動した」

「感動した」の一言で、
まっすぐなあなたの気持ちが伝わる

「感心する」という言葉は、ストレートに相手に感動したり尊敬する意味とともに、「驚き呆れる」という皮肉の意味が含まれます。

このように、日本語には皮肉やマイナスのニュアンスを含むものもあるため、使い方によっては、彼を傷つけてしまったり、嫌な気分にさせてしまうものもあるのです。

そのため、**ほめるときは、裏表のない言葉を使うように心がけていきましょう。**

「感動した」という言葉には裏表がなく、かつ、ストレートにあなたが心を動かされている様子が伝わります。こうして誤解がない表現を積極的に使っていくことも、彼への思いやりや愛情のひとつになるのです。

人をほめる言葉は、ほめているその意味合いよりも、「その人が普段から、相手をどう思っているのか」のほうが伝わってしまうものです。

「できないと思っていたけれど、できるんだ」

「どうせ無理だと思っていたけれど、できたんだね」

こうした「できない」「無理だ」という前提が含まれるニュアンスは、彼の心にその悪意が感じ取られてしまいます。**まっすぐに相手を称賛する言葉を伝えること。**それが、愛情あふれる未来を作ってくれるのです。

025

× NGな一言

「できてラッキーだったね」

○ 通じ合う一言

「〇〇できてさすがだね！」

彼を信じ、力を与える
……そんな言葉を使う

「ラッキー」という言葉も要注意です。ラッキーという言葉は、そのまま、幸運という意味が含まれます。本人がラッキーと言うなら問題がないのですが、これを他人が言うと、「あなたはできないと思っていたけれど、たまたま運でできた」という、相手の能力や努力に対する不信感が伝わってしまうからです。

人は、自分のことをまっすぐに信じてくれる存在に心を開きます。ほめているつもりでも、相手を擁護《ようご》しているつもりでも、そこに不信感や見下し、相手を認めない気持ちが含まれていれば、それはしっかりと相手に伝わり、相手のネガティヴな反応を引き出してしまいます。

運を表す言葉だけではなく、「やってもダメなこともある」と、最初からできないことを前提として話をしたり、「能力がなくてもやることに意味がある」など、最初から過小評価するような言い方もよくありません。勇気づけているつもりでも、彼は見下されている、馬鹿にされていると思い、二度とあなたを信じたくなくなるでしょう。

「あなたには才能がある」「時間がかかってもいい、あなたを信じている」「あなたはできると思っている」。このような曇りなき言葉に人は心を開き、その人が持っている以上の力を発揮できるようになるのです。

026

×

NGな一言

「まさかできると思っていなかった」

○

通じ合う一言

「あなたならできると信じてた」

本当に信じていたのなら
「まさか」という言葉は出てこない

ここでも、あなたが彼をどう思っていたかの前提が伝わっています。「まさかできると思っていなかった」というのは、「あなたができないと思っていた」ということ。ほめ言葉よりも、「相手をどう思ってきたか」がはっきりと彼には伝わっているということですね。

人は、その言葉通りに会話を受け取っているのではありません。普段どう思ってくれているのかどうか。一言の裏側にある、「その人への想い」を敏感に感じ取っているのです。

そして、**ふとした一言には、こうしたその人への背景がすべて現れます。**「本当は信じていない」「本当は能力が低いと思っている」「普段からどうでもいいと思っている」など、それがニュアンスとなって現れるのです。

「普段からできると思っている」「普段から期待している」「普段から信じている」となれば、「まさか」という言葉は決して出てきません。**「あなたならやれると思っていた」「あなたならできると信じてた」「やっぱりできたね！」**。こうした全面的に彼を信頼する言葉が、自然に出てくるようになります。

言葉は、ただそのときの会話だけを伝えるものではありません。あなたが彼をどう思っているのか、その膨大な情報を伝えられる、恐ろしくも素晴らしいツールでもあるのです。

027

×

NGな一言

「○○さんよりマシだよね」

○

通じ合う一言

「（相手の名前を出さずに）素晴らしかったね」

比較をするほめ方は、
彼を無気力にさせる

人は、洗脳される。そして、あなたも普段から人を無意識に洗脳している。そのことを知っていますか？

あまり意識されていないことですが、**人は、相手に言われた言葉に影響を受けながら、人生を生きています。**

たとえば、「あなたは本当にできないのね」と普段から言われている人は、できない部分に無意識にフォーカスするようになります。

特に、会話では、こうしたやり取りを無意識にされ続けてしまっていることがあります。すると、完全にその言葉に影響を受け、やる気がなくなったり、どんどん無気力になることすらあります。相手に対してよかれと思って伝えていることも、結果的に相手の苦しみを引き出しているにすぎないこともあるのです。

そのため、比較をするようなほめ方は避けるようにしましょう。**ただ、まっすぐに彼のことをほめること。誰かと比べてではなく、相手個人として素晴らしいことをほめる。**こうして愛情を積み重ねていってください。

信じてくれる人がいること。まっすぐにほめてくれる人がいること。それは、彼にとって人生で何よりも力になることです。

028

× NGな一言

「いつも明るくて悩みがなさそうだね」

←

○ 通じ合う一言

「もし悩んでいることがあれば、いつでも言ってね」

誰にでも人には見せない顔がある
そのことに気づこう

人は、人に見せている顔と、その人の内面が必ずしも一致しているとは限りません。たとえば、いつも明るく振る舞っている人であったとしても、それはあえて人を気遣って、楽しませようとしている愛情からかもしれないのです。

その人の振る舞いをそのまま信じてしまい、まるで何も考えていないように受け止めてしまうことは、ときに相手を深く傷つけることがあります。

そのように彼を理解し、表面的な判断だけで決めつけることはそろそろ卒業していきましょう。そして、「彼には人には見せない顔があるかもしれない」という前提で、**「もしもの場合は言ってね」と、彼がそっと拠り所となれるようなことを伝えてあげましょう。**

誰にも言えない苦しみを、あなたになら伝えられる。そんな親密感を作り出すことができます。

この現代社会、多くの人が心の闇を抱えています。相手の闇をすべて受け止めろ、ということではありません。**言葉にできない部分もあることを理解し、それをそっと受け止めてあげることが、何よりもの愛情となることもある**のです。

愛は目に見えない。心の闇も目に見えない。でも、言葉によって、愛は目に見える形にすることができる。いつも、そんな優しい人でありたいですね。

029

× **NGな一言**

「なんとかなるって」

↓

○ **通じ合う一言**

「あなたならなんとかなる、なんとかできる」

「あなたなら」をつけると、
相手は自分への信頼感を感じる

「なんとかなる」という言葉は、ときに人を勇気づけます。けれど、それが投げやりな意味合いになったり、相手の力ではなく成り行きに任せるニュアンスになったりすると、まったく逆効果です。

聞かされた相手は、「自分は信じられていない」「神頼みにされている」「適当にあしらわれている」と感じてしまうこともあります。「なんとかなる」という言葉は、それだけ難しいものなのです。

もし、こうしたことを伝えたいのであれば、彼への能力の信頼を軸に伝えてみましょう。「あなたならできる、あなたならなんとかできる」というように、**「あなたなら」とつけることで、相手の今までの努力を信じたり、相手の能力を信頼するという前提が伝わるようになります。**

言われたほうは、投げやりな意味ではなく、より強く自分のことを信じてくれているという自己信頼を生み出せるようになります。

言葉ひとつで、相手が力を発揮できるか、そうではないかも変わってしまう。それが言葉の力です。言葉の力を正しく使って、愛が伝わる・よりよい関係性を作れる・より素晴らしい未来を見られる。そんな信頼関係を作っていきましょう。

Chapter

4

大切にされる魔法の言い方

彼からの愛を引き寄せる

030

×

NGな一言

「(泣きながら)
何もかも、私が悪いってわかってるから」

○

通じ合う一言

「この部分は、具体的にこう直していくね、
ありがとう」

泣いて自分を責めるのではなく、
自分が直すべき部分を伝える

人は無意識に自分が変わることを避けようとしてしまいます。これを**「心理的回避」**と言います。

この心理的回避は、「今までの自分を変える」ときに起きることが多いんですね。それほどまでに、人は無意識に自分を変えることを怖いと思っているのです。

その心理的回避が出てしまうと、「泣いて自分を責める」というパターンになりがちです。彼の言い分を聞いて自分の行動を変えることを受け止めるのではなく、とりあえず泣いてその場をやり過ごそうとするのです。けれど、これは根本的な解決にはなりません。

二人の関係性を育てていくときは、「お互いの意見をすりあわせて変えていく」必要が出てきます。だからこそ、ただ泣いてその場をやり過ごすのではなく、「あなたはこう変えてほしいと思っているんだね」という彼の意見を受け止める強さが必要になります。

ですので、具体的には**「あなたが言っていることの部分は、具体的にこう直す」ということを言語化して伝えてみましょう。**それに加えて、彼を責めて罪悪感を背負わせないように、「ありがとう」という感謝の一言をつけると、なおよいです。

長く愛し合うとは、「修正できるよ」「修正していこうね」と、お互いに手を取り合って歩むことなのです。

031

× NGな一言

「ごめんなさい（繰り返し謝り続ける）」

→

○ 通じ合う一言

「あなたが望んでいることを教えてほしい」

ただ謝られても、
彼は困惑するだけ

私たちは、大人になってからもちょっとしたことで子供時代の自分が出てきてしまうことがあります。いわゆる**「子供返り」**という心理状態です。特に、怖かったり、怯《おび》えてしまったときは、パニックのようになって、子供のように謝り続けてしまうことも少なくありません。

パートナーシップで彼からの威圧感を感じてしまう場合も、こうなるケースがあります。対等な関係ではなく、「まるで親に怒られている子供のような感覚」に陥《おちい》ってしまうのです。ごめんなさい、と繰り返してしまうときは、話し合いをしたいパートナーと、怖がって固まってしまったあなたの間で、埋まらない差が出てきてしまっています。

けれど、パートナーは、あなたの親ではありません。前提として、対等な関わりで話し合いをしたいと思っています。**彼には彼の意思があり、あなたに求めることがあります。その話を聞こうとしてみましょう。**それが「あなたが望んでいることを教えてほしい」という言葉に代わります。

恐れは、人から対等な、本来すべき会話を奪ってしまいます。けれども、あなたは大人。**彼よりも下の存在ではなく、対等な存在**です。彼を受け止める強さもときには必要なのです。

032

× NGな一言

「みんな、私が悪いのよね！」

○ 通じ合う一言

「この部分が悪かったから、これからは直すね」

自暴自棄になりそうになったら、いったん冷静になる

売り言葉に買い言葉、ということわざがあります。これはまさにその例ですね。本当は、「私は悪くない」と思っているし、言いたい。喧嘩をしたいわけではなく、仲良く話し合いたい。でも、つい彼から言われた心無い言葉に、「私が全部背負えばいいんでしょう」となってしまっているのが、この言い方になります。

けれど、こう言いたくなったときほど、いったん冷静になりましょう。もちろん、彼の言い方があなたの自暴自棄を誘ったかもしれません。でも、あなたの目的は喧嘩ではなく、和解です。その場合は、**謝る部分は謝る、謝らなくていいところは謝らない、という強さが必要**になります。

「この部分は直すね」という言い方は、あなた自身をも救ってくれる言葉です。必要なことは改善する。でも、自分をすべて責めなくてもいい。こうして、自分のことを認め、ただ悪い部分だけは直すという考えは、自分のできる部分はちゃんと信頼していいという自信を育んでくれます。

大切なあなた。頑張っていたことも、できないことも、両方があって初めて人間です。**100とゼロの思考で自分を追いつめず、悪い・できない部分だけを修正するように心がけてみてください。**

033

×

NGな一言

「別れよう」

「もう別れる！」

○

通じ合う一言

「この部分は修正しながら、一緒にやっていこうね」

「別れよう」と言ってしまったら、すぐに謝る

別れると言ってしまう瞬間、あなたはおそらく本気かもしれません。けれど、感情というのは、自分が思う以上に「盛って」何かを感じさせてしまうものです。本当は別れたくないし、本当はやり直したいと思っているし、本当は何よりもあなたとうまくやっていきたい。ほとんどの恋人・カップルの本音は、これなのです。

もしも今後、**「別れる！」という言葉が出てしまったら、それは感情的だったと最初に謝るようにしましょう。**そして、必ず、「あなたと一緒にやっていきたい」と伝えましょう。

その理由は、男性はあなたが言った言葉をそのまま鵜呑《うの》みにするからです。「別れよう」と言われたら本当に別れることを検討してしまうのです。女性同士なら「一時的な感情だったんだね、そういうこともあるよね」と理解できることも、決して理解されないのです。

「君がそこまで言うなら別れようか」となってしまったら、もう取り返しがつきません。あとから「別れたくない」と伝えたとしても、「でも別れるって言ったのは君のほうだよ」と、あなたの建前が彼を最悪の事態へと動かしてしまうのです。

男性に対しては、「絶対に伝えてはいけない言葉」があります。そして、「感情に流されて」は通用しません。そこは絶対に忘れないようにしましょう。

034

×

NGな一言

「私バカだから」
「どうせ私なんて」

→

○

通じ合う一言

「これからは改善するね」

自分を下げる言葉は、
彼との関係を悪化させる

人はどうしても「自分の心の中にある判断基準で、物事を見る」という性質を持っています。この「どうせ私なんて」ということも、それにあたります。

自分が自分のことを嫌いだったり、自信を持てない……。そうした場合、普段、自己否定していることが基準になって、「どうせ私なんて何をしてもダメなんだ」という表現をしてしまうのです。

けれど、ここで忘れてはいけないことがあります。**あなたの目の前にいる人は、あなたのことを一度は真剣に愛した人**なのです。あなたのことを「どうせ」と思って関わったわけではありません。だからこそ、今、目の前にいてくれているのです。

彼が見ているあなたは、「どうせ」ではない。その差をきちんと理解しましょう。そして、彼はそこまであなたを下げていないことを知っていきましょう。もしあなたがそれに気づかず、ずっと「私なんて」と言い続けていたら、彼は「本当にこの人は『私なんて』という程度かもしれない」と、あなたの言葉に洗脳されるようになってしまいます。

何か注意されたとしても「これからは改善するね」と、言われたことだけを前向きに修正していきましょう。**たったこれだけで、あなたは「彼が最高に惚れ込んで愛して、人生のエネルギーと時間を捧げるパートナー」に戻ることができます。**

035

× NGな一言

「だって、どうせ、でも」

↓

○ 通じ合う一言

「うん、わかった。じゃあ～～するね」

彼の愛を冷ましてしまう「否定の言葉」に注意！

彼から指摘をされたときに、素直に聞くことができずに「だって、どうせ、でも」と抵抗してしまうのは、誰でもあることです。

友人から何かを指摘されたときも、初めて難しいことに取りかかるときも、「だって」が出てきてしまうこともありますよね。

ただ、あまりにも彼から言われることを「だって、でも」と否定していると、だんだんと彼のやる気が失われてしまいます。

こうしたときは、**「初めてのことだから、慣れていなくて取りかかるのに時間がかかってしまうんだ」と、自分を責めるのではなく、彼の言っていることを受け入れてみましょう。**

ただ、やったことがないから、抵抗感が出ただけ。

本当は改善したい、彼の思いを汲みたいと思っている。

心理的な抵抗感を優先するのではなく、**彼との生活を改善したい思いや、彼への愛を優先することで、一時的に抵抗感があったとしても新しい行動や思考を取り入れられるようになります。**

愛情や相手への想い、優しさを優先することで、こうした「ホメオスタシス」（現状を変えることに抵抗が生まれること）も超えていくことができるのです。

036

× NGな一言

（自分より低学歴の彼に）「学歴低い人は嫌」

○ 通じ合う一言

相手のよいところや尊敬するところを具体的にほめる

**学歴で判断することが、
男性を最も傷つける**

実は学歴というのは、一番といっていいほど男性のコンプレックスを傷つける部分です。

なぜかというと、日本社会では、まだまだ学歴からその後の出世状況などが決まってしまう部分があるからです。それを得られなかった男性にとっては、大きな心理的負担を伴うのです。

その繊細な部分は、女性で言えば、年齢や体重を言われるのと同じこと。容姿で判断されたくない！　と、そんな数字ばかり言われたら絶望してしまいますよね。それにあたるのが、男性にとっての学歴なのです。

容姿も、年齢も、体重も、学歴も、ただの「みかけ」です。相手がどんな素晴らしさを持っているのか、どんなに愛情深いのか。あなたの美しさや愛が表面的なものだけでは測れないように、彼のよさや優秀さもまた、学歴では測れません。

彼の生きてきた時間や内面の重みを尊重するためにも、表面的な部分で相手を判断する伝え方はやめていきましょう。

傷つく心を持っているのは、女性も男性も同じなのです。

愛し合うことに一番大切なことは、表面ではなく本質だと知っておきましょう。

037

×
NGな一言
「あなたの家族、常識ないんじゃないの？」

○
通じ合う一言
「あなたの家庭と、うちではルールが違ったんだね」

非常識ではなく、
ルールが違っただけ、と考える

「常識」という言葉は、実はパートナーシップでは大変リスクがあります。その理由は、どんなに近しい相手でも、育った家庭によって「常識」と思う条件が異なるからです。

たとえば、中国では食事を残すことが礼儀ですが、日本では残さないことが美徳だとされます。このように、一方では常識、当然だと思っていることも、地域や風習、世代などによって、あらゆることが異なるのです。

そして、それはちょっとしたことでも当てはまります。

たとえば、ある地域では玉ねぎを外に吊るしておくことが普通。でも、そうではない地域で育ったとしたら、「冷蔵庫に入れなくて大丈夫なの？」となりますよね。

ですので、**「常識」で物事を判断しようとするのではなく、「あくまで私の育った地域や、うちのルールとは異なる」というように解釈するよう心がけましょう。**

あなたの普通は、彼にとっての驚きになる。

同時に、彼の普通は、あなたにとってはカルチャーショックなことかもしれません。

けれど、それを「常識的だ、そうではない」と決めつけなければ、「私とあなたのルールがただ違っただけ」というように擦り合わせることができます。**こうして歩み寄ることが、パートナーシップの基本**なのです。

038

×

NGな一言

「本当に考えてくれているの？」

←

○

通じ合う一言

「○○が不安だから、一緒に考えてほしい」

不安や恐怖を感じたときには、
素直にそれを伝える

人は、マイナスの感情が心の中にあるとき、冷静でいようとしてもどうしてもマイナスの方向に引っ張られます。そして引っ張られた結果、不安や恐れが「相手を責める」「ヒステリックになる」「自暴自棄になる」「感情をぶつける」などの形になってしまいます。

それくらい、人は不安や恐怖という感情そのものを恐れていて、何としてでも（無意識的に）それを避けようとしてしまうのです。

でも、こうしたときほど、**ほんの少し勇気を持つことが大切**です。

彼を責めたくなったり、感情が噴き出しそうなときほど、「あ、私は今、不安なんだ」「私は今、怖がっているんだな」と、不安や恐怖そのものを認めましょう。

そして、その恐怖や不安を、そのまままっすぐに伝えます。すると彼も、「ヒステリックに感情をぶつけられる」ことや「責められて逃げたくなる」ことがなくなり、「怖いんだね」「不安なんだね」と、あなたの状態をしっかり理解できるようになります。

その結果、「じゃあ不安を解決していこう」「じゃあ恐怖をなくしていこう」と、あなたが本当に望む会話ができるようになるんですね。

素直さが、コミュニケーションにおいて一番大切なこと。それは、ネガティヴな感情のシェアの場面でも大事なことなのです。

Chapter

5

「もっとよい恋人になってほしい」を実現！

彼を応援する

039

×

NGな一言

「最初から期待してないから」

○

通じ合う一言

「応援してる」

「最初から期待してない」の言葉は
彼を深く傷つける

人の愛情には種類があります。そのひとつが**「期待」**です。期待は、自分が信じていたり能力を認めている相手に対して抱く感情です。もちろん、その期待があまりにも大きすぎる場合は、相手は重く苦しくなってしまうこともあります。ですが、「この人はできるだろう、やってくれるだろう」というキラキラとした願いは、「信頼してくれている」という愛の証明になり、人を勇気づけてくれます。

にもかかわらず、「最初から期待してない」という言葉を使ってしまうと、「あなたには頼らない」「あなたはできない」「私はあなたに希望を抱いていない」というような、そんなネガティヴなメッセージとなって、彼を深く傷つけてしまうのです。

確かに、人にはできないこともあります。でも、**愛する相手であれば、彼がやろうとしていることを信じ、背中を押してあげることを始めてみましょう。**失敗したという結果だけ見てがっかりするのではなく、彼ができないことに失望して見捨てるのではなく、「応援している」と、彼の能力を誰よりも信頼してあげる。

心が折れそうなときも、自分のことを信じてくれる誰かがいることで人は暗闇から立ち上がることができます。その小さな炎を、あなたが彼の心に灯してあげる。これがパートナーシップの素晴らしいところです。

040

× NGな一言

「もっと頑張ってよ」

○ 通じ合う一言

「あなたが頑張れるように、協力するね」

「もっと頑張ってよ」は、
彼に恐怖と不満を抱かせる

人は、命令されることを本能的に嫌います。自分の考えやあり方、努力や意思を否定されるように感じるからです。

「もっと頑張ってよ」という言葉もそうです。彼に恐怖と不満を抱かせてしまいます。

こんなに頑張っているのに、という彼の努力。頑張れるようにしている工夫。次に向かおうとする意思。こうしたものをすべて否定して、ダメ出しをされているように感じてしまうからです。

相手にやる気を出させるためには、こうした命令口調で相手に否定的な気持ちを抱かせるのではなく、「協力」を意識しましょう。彼は頑張っている。彼は考えている。彼はもうすでにやっている。それを前提として、「もっと彼が努力できるように、協力できることはないかな？」と申し出てみるのです。

こうして「協力を申し出る」と、彼は自分の努力を否定されたと感じることなく、自分の意思や考えを否定されたとも感じることなく、自分を肯定された上で自分をサポートしてくれようとしている、と受け止められるようになります。

すると、結果的にその思いが伝わり、彼はあなたの協力を得て力が入り、さらに頑張れるようになるのです。

041

×
NGな一言

「だから言ったのに」
「ほらね、やっぱりね」

→

○
通じ合う一言

「そっか、辛かったね」

失敗した相手に
寄り添うことで愛は深まる

自分には先見の明がある。それによって、その先のことまで予想できてしまう。その能力は素晴らしいものです。ただ、それが対人間関係においては、責められたり馬鹿にされたりしているように聞こえて、相手を追い込んでしまうことがあります。

心配していたからこそ、失敗を予想して、あらかじめ気をつけるように伝えていた。そこまでは、とてもよいことです。けれど、失敗した相手に対して「ほらね」というように、自分の予想が正しかったという正義を押しつけることは、やめましょう。

そして、あえて追い討ちをかけるのではなく、あなたの正しさを押しつけるのでもなく、**失敗した相手に寄り添うことをしてあげましょう。**たとえあなたの予想通りでも、です。

こうして失敗に寄り添ってもらうと、人はそこで「学ぶ」ことができます。さらに、誰かに辛かったことを寄り添われることで、「もうしないようにしよう」と、自分の失敗を認められるようになります。

逆に、失敗を責められる言い方をされると、反発して「失敗じゃなかった！」とばかりにまた同じようなことを繰り返したり、あなたを敵視するようになってしまうのです。

人間関係をスムーズにするには、正義が必ずしも、正しいことではないこともあります。正しさよりも、大切なことがある。それがパートナーシップの「愛情」なのです。

042

×

NGな一言

「こんなこともできないなんて」

「甘やかされて育ったのね」

→

○

通じ合う一言

「私はこうしてるよ」

彼を責めるのではなく、
自分の成功事例だけを伝える

　彼が何かをできないというとき、できないことを責めたり、できないことに失望してその原因を追求したりすると、彼は必要以上に「自分は足りていないんだ」と傷つくことになります。その結果、あなたと一緒にいる限り、自分は足りないという考えがよぎるようになってしまい、会話だけではなく、二人の関係性も終わることになりかねません。

彼にできないことがあるとき、大切なことは、相手を責めることではなく「相手がいかにできるようになるか」「その問題を克服できるか」です。発言の目的がブレていると、関係性が終わるほうに誘導されてしまいますが、目的地がはっきりしていれば、そうした会話は自然になくなります。

　その上で、彼に対して「私はこうしている」と正解のみを提示してみましょう。こうしたメッセージで伝えることで、彼はあなたから責められていると思わなくなります。「こうすれば」と命令することは彼の努力を台無しにしてしまいますし、「こうしないとダメ」という言い方でも彼の自由を奪ってしまいます。けれど、あくまであなたの成功事例だけを提示すると、傷つけずにアドバイスができるのです。

彼を傷つけずにアドバイスするあなたの愛情は確かに伝わるはず。そんな愛を形にしていく方法を試してみてくださいね。

043

×

NGな一言

「どうして昇給できないの?
もっと頑張れないの?」

←

○

通じ合う一言

「あなたは素晴らしい、
だから成果が出るって信じてる」

彼の昇給もあなた次第。
あげまん女性は男性を信じる

男性側がどんどん頑張って成果を上げて、どんどん昇給・昇格していく。そんな素敵な関係性の裏には、「女性がどんどん男性を認めて、能力を引き上げる」という、いわゆる「あげまん」的な関わりが多いことを知っていますか？

その理由は、男性は愛する女性に認められ、信頼されることが、一番自分の力を発揮しやすいからです。「この人が信頼してくれているなら期待に応えよう」「この人が自分を認めてくれているのだから、頑張れる」。そう思うからなんですね。

だからこそ、**「もっと彼に頑張ってほしい」と思うときは、彼のできないところを指摘したり、焦らせるようにダメ出しをしたりするのではなく、相手を認め、ほめる会話を増やしていきましょう。**

私はあなたを認めている。あなたは力があることを信じている。あなたは素晴らしい人。こうして男性側の素敵な側面にフォーカスすることで、自信がない男性もすっかりあなたを信頼し、「この人が言うならそうなんだ」と、自信を取り戻せるようになります。

このように、人は「相手の言っていることに誘導される」性質を持っています。**会話には、相手を誘導する効果もある。その力を使いこなすことができれば、あなたは彼を引き上げ、さらに尽くされる、そんな「愛され女神」になることができるのです。**

044

× NGな一言

「モテないわけだわ」

○ 通じ合う一言

「ここはこうしていこう（一緒にこうしていきたい）」

不満をぶつけるのではなく
彼のできないことは、一緒に改善をしていく彼の態度が不満なとき、それを揶揄《やゆ》するような言葉を伝えてしまうと、彼は心を閉ざしてしまいます。

つい自分のショックや悲しみを先に伝えてしまいがちですが、それによって彼は、あなたの言葉にとどめを刺されて関係性が壊れてしまうこともあります。

彼に不満があるということは、その足りない部分に対して彼が適切なやり方を知らない、ということです。

そして、それは言い換えれば、あなたは適切なやり方を知っているからこそ、彼に不満を抱くということです。

それならば、**あなたがその適切なやり方を教えてあげたり、今後、一緒に改善したりしていけばいい**んですね。

彼の行動の良し悪しがわかるということは、あなたのほうが正解に近いのです。今、彼ができないことは、あなたが教えてできるようになれば、あなたも将来、ストレスなく幸せに過ごすことができるようになります。

関係性もパートナーも育てるもの。あなたの幸せの好み通りに、会話ひとつで一緒に成長していくことが可能なのです。

045

×

NGな一言

「普通だったら◯◯なんじゃないの？」

↓

◯

通じ合う一言

「あなたはどう思っている？」

「普通」という言葉は、
ときに二人の関係性を壊してしまう

普通という言葉は、本当に関係性を壊しやすい言葉です。その理由は、「普通」は人によって、異なるから。

たとえば、「25歳以上なら、デートには2万円の予算を使う」という「普通」があなたの中であったとしても、彼はその情報を知らないかもしれません。

その反対に、「デートのときはお弁当を作ってほしい」ということが、相手の「普通」になっているかもしれないのです。

これくらい、「普通」という感受性は人によってバラバラで、まったく違うものなんですね。

こんなときは、**速やかに「普通」を取り払ってしまいましょう。**あなたは「普通」、つまり一般的な世間とお付き合いをしているのではなく、「彼」と一緒にいるのです。であれば、優先すべきことは彼自身です。

彼にどう思っているのか、どんな価値観を持っているのかをきちんと訊ねて、「普通」という括《くく》りで判断することをやめていきましょう。

大切なことは「世間」ではなく、「二人の中で」だけです。ほかの情報は必要がありません。優先順位を大切にしましょう。

046

× NGな一言

「どうしてそんなこともできないの？」

←

○ 通じ合う一言

「（具体的に）ここはこうしてほしい」
「ここは私をこう助けてほしい」

できない彼を責めるのではなく、
できるように育てる

男だからとか、女だからとか、年齢がとか、そういったことはまったく関係なく、人生は経験したことが多いほど対処できることも多くなります。

そのため、もしかしたら、あなたのほうが経験が多く、いろいろなことがわかるときもあります。

男性に頼りたいという気持ちはもっともなものですが、この「経験の差」を考えられないと、どうしても頼れないときに悪態をついてしまうことがあると思います。

そんなときほど、今できない・経験のない彼を責めるのではなく、**「今後、相手ができるように育てていく」**ことを考えていきましょう。

そして、「こう助けてほしい」「こうしてほしい」ということを、具体的に伝えていきます。これによって、彼は経験がなかったとしても、「今後はこう対処すればいい」ということを学んで、あなたに言われたように接することができるようになります。

経験したことがないことは、これから経験し、覚えていけばいい。そして、**二人の関係性の監督は、あなた自身**です。

ときにはあなたが二人のパートナーシップの監督になって、二人の関係性の流れを作っていきましょう。

047

×

NGな一言

「甘い、弱い、だらしない」

←

○

通じ合う一言

「サポートできることがあれば、していくね」

彼が弱くなっているときは、
サポートする言葉がけを

人は、「もっとパートナーには頼らせてほしい」とか、「もっと支えてほしい」というような期待を持つことがあります。けれど、その期待が大きい場合、パートナーがそれに応えられないときは、ショックのあまり、それができない相手にそのことを思わず指摘してしまうことがあります。このセリフは、こうした状態のときに起こりますね。

でも、人はすべてのことについて、誰かの期待に応えられるわけではありません。場合によっては弱くなるときもあり、普段、強い人であったとしても、たとえば体調を崩したときにはいつも通りにできないこともあります。また、上司に批判されたときは精神的に弱くなることもあります。つまり、人は完璧ではないし、人は一定でもないのです。

そんなときは、あなたが強さを発揮するとき。**彼はあなたのサポートを必要としています。だからこそ「サポートできることがあればする」と申し出てみましょう。**

パートナーシップは、陰と陽。どちらかが陰になっている場合は、あなたが陽になり、彼を照らしてあげればいいのです。その結果、彼は勇気や元気を取り戻し、またあなたを照らす太陽に戻ることができます。

二人が合わせ鏡のように、よい状態を一緒に作り上げていく。そんな美しい関係性は、こんなたった一言から生まれるのです。

Chapter

6

彼と気持ちがひとつになれる会話術

パートナーシップを深める

048

×
NGな一言

「あなたが私をそこまで好きじゃないってわかってる」

←

○
通じ合う一言

「私のことを思ってくれてありがとう」

彼の気持ちを
否定的に捉える言い方はNG

女性は、とても感受性が敏感です。そして、彼の気分などにも敏感な方が多いです。そのため、彼がたとえ「一時的に」だとしても、冷たい態度をとると、それが100％なんだ、相手のすべてなんだと誤解してしまうことがあります。

すると、相手が一時的な喧嘩のつもりだったとしても、「あなたは私をそこまで好きじゃないってわかってる」と、自分は愛されていないと思いこんでしまうのです。

この会話をしてしまうと、今まであなたを愛してきて、だから一緒にいた彼にとっては、自分の愛情をすべて否定された感じがして傷ついて心を閉ざしてしまいます。

結果、あなたが言った言葉、「あなたが私をそこまで好きじゃない」が現実になってしまうのです。

とても恐ろしいですよね。でも、パートナーシップは、こうして相手が言った言葉によって未来を左右してしまう恐怖を秘めています。

だからこそ、**大切なことは相手の気持ちを否定的に捉えないこと**です。話し合うということは、それが感情的なものであったとしても、あなたを想って関係を続けたいからこそ起きている現実。**まずは相手の想いを理解した上で、そこから冷静にお互いの誤差を埋めていきましょう。**

049

×

NGな一言

「私は○○ができたの」

→

○

通じ合う一言

「ねえこれできたの、ほめて！」
「○○なら得意だから言ってね」

自慢話はストレートに
表現したほうが伝わりやすい

自慢話というのはとても難しい側面があります。親しい間柄でも、あまりにも自慢する話題が多い場合、それが相手への威圧やマウンティングと捉えられてしまうからです。

もしも、自慢話をするときの目的が「彼に認めてほしい、ほめてほしい」場合は、自慢するという形ではなく、「彼にほめてほしい！」という純粋で素直な気持ちを示したほうが、ずっとずっとそのまま愛情を受けやすいです。**「ほめて！」と無邪気に言われて困る男性はいません。**「認めてほしいんだな、かわいいな」と思う人がほとんどです。あなたの願う通り、ほめてくれるでしょう。

もしも、自慢話の目的が「私はできるんだ」ということを伝えたい場合は、「私はこれが得意だから言ってね」「私が得意だからその部分はやるね」という言い方をしてみましょう。すると、あなたができるということが、二人にとってのメリットとして伝わり、「ありがとう」と、相手も素直にその言葉を受け取ってくれるようになります。

このように、会話というのは、その目的にそってストレートに伝えるほうが、ずっと伝わりやすいのです。

あなたの思いは、まっすぐでいい。**まっすぐさは、あなたをもっと素敵に輝かせてくれる素敵な宝物**なのです。

050

× NGな一言

「ちゃんとできるの？」

○ 通じ合う一言

「あなたならできるって信じてる」

彼には「心配」ではなく、「信頼」を伝える

特に優しく母性的な女性がやりがちなのが、**「相手への心配」**の会話です。

「大丈夫なの？」「できる？」「本当に？」

こうした会話は、相手が子供であれば「心配してもらっている」という安心感にもつながるかもしれません。けれど、相手が大人の男性であれば、心配は「信頼されていない」「できない、下に見られている」というように、ネガティヴにとられることがほとんどです。

その理由は、**男性は本能的に、パートナーを守りたい、パートナーに対しては万能でいたいと願うから**です。強くありたい、それが男性の願いなのです。同時に、強くあることで「自分はパートナーを守れる強い存在なんだ」というプライドを保てます。

だからこそ、**彼に対しては心配ではなく信頼を伝えるようにしましょう。**「あなたは素晴らしい」「あなたを信頼している」……男性がより自分の強さを自覚し、あなたを守る存在としてプライドを保てるように。あなたの役割と仕事はそこにあります。

そうして伝えることが、結果的に彼が誇りを持ち、あなたを守る王子様になる未来を創り出せるようになるのです。

関係は育てるもの。彼との関係も、彼自身も、育てられる。望む未来を得るためには、女性の知恵が必須になります。

051

× **NGな一言**

「これは私の問題だから」

「あなたには関係ないから」

←

○ **通じ合う一言**

「一緒に考えようとしてくれてありがとう」

「気遣ってくれてありがとう。

助けてもらいたいことがあれば言うね」

**頼られているという充足感が
彼の愛情を深める**

大好きな人に迷惑をかけたくない。こんなことを言ったら嫌われてしまうかもしれない。だから、自分一人で頑張ろう。だから、自分一人で我慢してみよう。優しく愛情深い女性ほど、「一人で耐える」ということを選択しがちですが、これはパートナーシップにとっては逆効果。

パートナー側からすると、明らかに様子がおかしいのに「助けさせてくれない」ということは、信頼されていない、阻害されていると感じてしまうのです。

これだと、心配させないように、関係を穏便《おんびん》にするように努力しているあなたの気持ちとは真逆の未来になってしまいますよね。

こうしたときは、**「信頼されたい、任されたい、頼られたい」という男性の気持ちをきちんと尊重し、頼れる部分は頼るようにしていきましょう。**

たとえ、実際に彼が動かなかったとしても、精神的に愛する人に頼られているという充足感はより男性の愛情を深めます。**愛されようと必死に努力するよりも、あなたが一回頼ったほうが、何千倍、何万倍も、彼からの愛情を得られる**のです。

頑張り屋さんのあなた。でも、パートナーにだけは頼ってみる。その特別な親密感を怖がらずにいてくださいね。

052

×

NGな一言

「あなたはいつもそうじゃない、あのときだって……」

○

通じ合う一言

「これからは○○していこうね、もっと仲良くなりたいから」

過去ではなく、
未来のことを伝えていくことが大切

過去を忘れられない。「あのとき」私はとても傷ついてしまった。

その痛みが癒やされないまま、心の時間が止まってしまうことがあります。

仲良くなりたいのに、「あのとき」を引っ張り出してしまうときも、そうです。「あのときの痛み」が、どうしてもあなたの過去を蒸し返してしまうのです。

でも、そうしたときほど思い出してほしいのが、あなたは「あのときの痛みをもう一度繰り返したいわけじゃない」ということ。

過去は、あなたが引っ張り出してきて繰り返せば繰り返すほど、彼の中にも「過去の痛み」を再燃させます。せっかく忘れていた想いを再び思い出し、さらに嫌悪感や苦しみをリフレインさせてしまうのです。

こうしたときほど、**一貫して未来のことを伝えていくことが重要**です。「あのとき」と過去にフォーカスするのではなく、**未来にフォーカスし、「これからは」「今後は」「今から」「この先」といった言葉を使いながら、あなたがこれから生きたい未来について協力していく、**そんなスタンスで話をしてみましょう。

過去は終わってしまったこと。蒸し返したとしても、あなたの人生に何も建設的な未来や、新しい喜びを生み出すことはありません。

053

×

NGな一言

「大丈夫、気にしないで」
「私は別に大丈夫だから」

↓

○

通じ合う一言

「心配してくれてありがとう、元気になる」
「もし辛くなったら頼らせてもらうね」

相手の気持ちを
受け止める伝え方をしよう

心配をかけたくないというあなたの愛情は、あなたの助けになりたいと願っている男性に「余計なことをしないで」という別の意味でとられてしまう場合があります。

どうしてこんな差が生まれるかというと、パートナーシップの本当の愛は関わることにあるから。あなたが彼の介入を断ることで、「深い部分に入られたくない」という拒絶ととられることがあるのです。もちろん、あなたにとっては、相手を必要以上に心配させたくなかったりするのかもしれませんね。

でも、たとえそうであったとしても、相手を介入させないという伝え方になっていると、相手を孤独にさせ、追いやってしまう結果になります。

こうしたときも、**伝え方を変えれば大丈夫。相手の気持ちを受け止める、ということをしていきましょう。**「心配してくれてありがとう」と相手の好意を受け取る。「もしこれ以上何かあったら頼るね」と相手の心配を受け取る。

受け止めてくれることで、彼は自分の愛情が伝わったと安心し、あなたの言う通り、あなたを見守ってくれるようになります。

愛は伝え方です。伝え方ひとつで伝わるものも伝わらなくなるし、逆に関係性がより深まっていくこともあるのです。

054

×

NGな一言

「もっとしっかりしてね」

→

○

通じ合う一言

「頼りにしてるね」

「すごい！　期待してるね」

「信じてる」

相手を否定する言葉は、
彼の心を閉ざしてしまう

もっとしっかりしろ、という伝え方はとても危険です。「もっとしなさい」という言い方は、裏を返せば「あなたはしっかりしていない」という否定的な言葉になるからです。

でも、実際に、「もっとこうしてほしいな」と思うことは、人間だったらあると思います。

では、どうしたらいいのでしょうか？　それは、「もっとしなさい」という強制・命令・否定的な伝え方ではなく、**「相手の能力を認める・期待する・伸ばす」言い方に変えていく**ことです。

その言い方のベースには、信頼があります。

相手を信頼していない、もっとちゃんとしなさい、という伝え方ではなく、**彼を信頼しているからこそ、期待する。頼りにする。もっとできると信じている**……こうして伝え方のベースを変えることで、あなたが得たい未来へと、上手に彼を動かせるようになります。

具体的には、1を100へと「育てていく」ことをイメージしてみてください。相手がしてくれた小さなこともほめたり、「この前、○○と言ってくれて（○○をやってくれて）とても気持ち的に支えられた。ありがとう。これからも信頼してるね」という感じです。

1やってくれた、できたことを認め、さらにそれを未来へ導き育てるような流れを作るのです。

055

× NGな一言

（なんでも）「うん、わかった」

↓

○ 通じ合う一言

「私はこれがいい」
「私はこう思う」

あなたの意思をしっかり示すことで
絆が生まれる

相手に賛同するということは、とても素晴らしいことです。ただ、少し問題があります。それは、**パートナーシップはあくまで対等**だということ。相手の意見を一方的に聞く上下関係や、親の言うことを聞く親子関係とは異なるのです。

そのため、いつもいつも彼の言うことをなんでも「うん、うん」と聞いていると、彼は対等な立場のパートナーではなく、人形と一緒にいるようでだんだんと物足りなくなってしまうのです。

パートナーも人間。きちんと意思を伝えてくれて、一緒に人生の決定をしてくれる人を求めています。

自分の意思をきちんと伝えていくことは、「責任をわかちあっている」という安心感を相手に与えることができます。

ですので、ただただ彼に任せて責任を放棄しているように思える「うんうん」という伝え方ではなく、「私もいいと思う」「私もこれがいいと思う」というように、あなた自身もしっかりと自分の意思で彼に賛同している、ということを示してあげましょう。

こうすることで、一緒に決めてくれている安心感が生まれ、対等な立場で一緒に人生を歩んでいる、そんな絆を作っていくことができます。

056

×

NGな一言

「自分でやるからいいよ」

→

○

通じ合う一言

「ありがとう、やってもらうね」

パートナーシップは
こんな言葉で育てることが可能

基本的にパートナーとして愛情がある場合は、相手の役に立ちたい、と願っていることがほとんどです。「役に立てたことで、自分がその人のパートナーでいる確固たる証明を手に入れることができる」。そんな心理パターンを、男性は持っています。

けれど、あなたは、そうした申し出に対しても、「自分でやるからいいよ」と、つい断ってしまったりしていませんか？

確かに「自分でできるからいい」というのは正論ですが、愛情というのは正論では測れない部分があります。あなたが一人でできるのであれば、なら一人でいれば、というような極論に捉えられてしまうことがあります。

ですので、**せっかくの申し出に対しては、ありがとうと受け取り、任せることをしてみましょう。**もしも、相手がやることが完璧ではないとか、気に入らない部分があっても、そこは徐々に育てていけばいいだけ。だんだんとあなたの思い通りにできるようになり、結果的に、あなたもずっと楽になるはずです。

このように、**パートナーシップはあらゆる部分で「育てる」ことが大切**なのです。伝え方ひとつで、この先の二人の関係性がガラリと変わってしまう。だからこそ、しっかりと伝え方を変えて、理想の関係性になるようにしていきましょう。

057

× NGな一言

「は？」（ちょっとしたことで感情的に怒る）

→

○ 通じ合う一言

「今のは悲しかった。本当は○○したい」

彼の言葉に感情で反応してしまったときは あとで「本当の気持ち」を伝える

普段、頑張っているからこそ、言葉よりも先に感情が出てしまう。争う言葉に、さらに言葉を重ねてしまう。売り言葉に買い言葉。

とても悲しいことですが、自分の感情や想いを自分で理解していないと、つい「彼からの言葉」に感情で反応してしまうことがありますよね。

こうした感情は、**「反射」**なんですね。いくら冷静に理性で抑えようと思ったとしても、どうしても「反射的に」出てしまうことがあるのです。ボールが飛んできたときに、思わず手を出してしまう。それを止めることは悟りを開いた覚者でもないかぎりはできません。

では、どうすればいいかというと、**反射してしまったあとに、ぜひあなたの本心を伝えてみてください。**

あなたの「漏れた感情」の裏にあるもの。悲しみや、言葉を失うほどの絶望。わかってもらえないという辛さ、辛さを覆い隠す怒り。

「は？　と言ってしまうほど、私は悲しかったんだ」

あなたの「本当の気持ち」によりそって、それを伝えてみましょう。「は？」と言ってしまうほどに真剣なあなたの想い。**漏れ出てしまうものがあったとしても、その想いを伝えられれば、彼は必ずあなたの「本心」に耳を傾けてくれるようになるのです。**

058

× NGな一言

「どうしてこんなこともできないの？」

○ 通じ合う一言

「二人で解決していこうね」

彼ができない部分は
さりげなくサポートする

人は誰しも、苦手なことがあります。けれど、男性にはプライドもあって、どうしても自分の強さやできるところをあなたに見せたい、そう思って意固地になってしまうこともあるんですね。

そのため、彼のできなさをストレートに指摘してしまうと、もう大変。心を閉ざしてしまい、二度とあなたを助けたくない、と子供のようにすねてしまうことがあります。でもこれは、男性に限ったことではありませんよね。子供時代、「どうしてできないの？」と親に言われたことでもう何もかも嫌になってしまった、そんな経験がある人も多いことでしょう。

だからこそ、**「指摘する」言い方からは、もう卒業していきましょう。**そんな言い方は、人の生きる気力まで奪ってしまいます。

彼のできなさをよりあげつらう言い方ではなく、できない部分はさりげなくサポートする。**「一緒にやっていこうね」「二人で解決しようね」「ゆっくりやっていこうね」**。このように言うことで、彼自身、そして彼との関係性も育てることができます。

完璧な人は、この世界に誰一人として存在しません。そして、誰の中にも心があります。人を傷つけない、成長させる。そんな言葉をこれから大切にしていきましょう。

Chapter

7

その言葉、彼に間違って伝わっているかも？

誤解されない言い方

059

× NGな一言

「できなくていいんだよ」

○ 通じ合う一言

「あなたならできると信じてる」

「少し休んでもいいんじゃない？」

「できなくていい」は
頑張りたい彼の気持ちに水を差す言葉

彼に対する優しい言葉がけは、とても尊《とうと》いものです。それを伝えられるだけで彼は許された気持ちになりますし、これ以上無理をしないでいいんだ、という安心感を得られます。けれども、この言葉には危険性があります。その理由は、最初から「できなくていい」と言われてしまうことで、「できなくてもパートナーを守るために頑張りたい」と愛情深く思ってくれる彼の気持ちに、水を差してしまうことになるからです。

ときに許しの言葉は、頑張ろうとしている人にとっては気力を奪われることになってしまうのです。一方で、頑張って苦しくて、それでも責任感が強くやめられない……という人にとっては、「頑張ってね」という応援が、その人の心にとどめを刺す刃物となります。

ですので、**「できなくていい」と伝えるときは、彼の背景をしっかりと見極めましょう。**

そして、もし彼が疲れてもおらず、やる気に満ちあふれているときは、「あなたならできると信じてる」と、彼の意欲を肯定し、後押しする言葉を伝えてあげましょう。

もし、彼が疲れ切っていて、でもそれでも頑張りたいと思っている場合は、「休んでもいいと思う」という形で、彼の疲れもやる気も肯定する伝え方をしてあげましょう。

言葉は、どんな状況におかれているのかで、受け取り方もガラリと変わります。**状況を把握してから伝える。それもまた、会話の愛の流れのひとつ**なのです。

060

×

NGな一言

「私がなんとかするから大丈夫」

↓

○

通じ合う一言

「一緒にこう頑張りたい」

あなただけが頑張ったり
努力したりする必要はない

「私がなんとかするから大丈夫」と、つい伝えてしまうあなたは、きっと優しくて強い人なのだと思います。

でも、そんなあなたに気をつけてほしいことがあるんですね。それは、「私がなんとかする」という言葉が彼の責任をあなたが背負う言葉だ、ということです。

つまり、本来はあなたが背負わなくていいことも、あなたは背負おうとしているのかもしれない。本来であれば、彼がすべきことも、あなたがなんとかしようとしているのかもしれない。それが、この言葉から見てとることができます。

もしも心当たりがあるのであれば、まずは、必要以上の責任をあなただけが背負うことをやめていきましょう。特に、**パートナーシップは二人の責任で作り出すものです。あなただけが頑張る必要はありませんし、あなただけが努力する必要もありません。**

それを踏まえて自分を楽にしてあげた上で、「一緒に頑張っていこうね」という言い方をしてみましょう。

あなたも頑張るように、彼もまた、頑張る必要がある。お互いに協力し合いながら、二人でひとつの人生を作っていくことがパートナーシップです。

あなただってすべてを背負うことなく、楽に、幸せに生きていいのです。

061

× NGな一言

「やらなくていいからね」

○ 通じ合う一言

「〇〇はお願いしたいな」

「やらなくていい」と言うと、
彼はずっとやらなくていいと思ってしまう

人は、その人がどんな思いを抱いているかとまったく関係なく、「相手から言われた言葉をそのまま受け取る」という性質を持っています。もしあなたが「やらなくていい」と伝えてしまったら、「やらなくていいんだね、わかった」というように、あなたが心の奥に何を抱いているのかとは関係なく、そのまま受け止めてしまうのです。

しかも恐ろしいのが、一度やらなくていいと伝えたら、もうそれが「ずっとそうなんだ」と思ってしまうところ。一回言ったら、もうそういうルールだと勘違いされてしまう。それが、男性的な感受性と女性的な感受性の大きな違いでもあるのです。男性的な脳だと、「その都度、相手の事情が変わる」というところまで、考えが及ばないのです。

ですので、**「やらなくていい」ということを伝えるときは、「絶対にあなたにやってもらいたくない」という場合にだけ使いましょう。**

そして、本当はあなたがやってほしいことを、きちんと言語化して伝えるようにします。「高いところの掃除をお願いしたいな」というような感じにです。「掃除しないでいいよ」だと、永久にやらなくていいという誤解になります。

男女は、これくらい解釈や考え方が異なるのです。だからこそ、**あなたを守るために、あなたが心地よくいられるように、自分のためになるような伝え方をしていきましょう。**

062

× NGな一言

「男のくせに」

○ 通じ合う一言

「苦しかったね、辛かったね」

「男のくせに」と言う前に、
彼も一人の人間だということに気づこう

男性であるなら、こうあってほしい。このようにいてほしい。

私たちの中には、まだまだ「男だからこうあるべき」という観念があります。こうした考え方は、昨今、差別と言われ、嫌われる観念です。今は、男女は平等であるべきだし、男性だから、女性だからというものではない、という考えが主流です。

ただ、同時に、「男性はこうあってほしい」というのは、女性としてのささやかな願いでもあります。そのため、**「こうあってほしい」という願いをそこまでいけないものとして扱う必要はありません。**ダメなのは、「絶対に男だからこうしろ」というように、彼の個性を無視して、理想を押しつけてしまうことなのです。

今回の「男のくせに」というのは、まさにそれにあたります。

男だから、男のくせに、という言い方をする前に、「相手も人間だから当然だよね」という考えを持ちましょう。人だったら苦しい。誰だって辛いこともある。誰もができないことがある。この考えがあると、自動的に「男のくせに」という押しつけの言葉ではなく、彼に対する理解や同情、慰めの言葉が出てくると思います。

すると、男性側も、「男だからこうしなければならない」という強迫観念から解放されて、あなたに心を開いてくれるようになるのです。

063

× NGな一言

「どっちでもいい、任せる」

○ 通じ合う一言

「私はこれがいいと思うけれど、
あまり自信がない。あなたはどう？」

「どっちでもいい」と言いたくなったら、
一呼吸置いてみて

どちらでもいいという言葉は便利な言葉です。決断に責任を持たずに済むからです。けれど、何を尋ねても「どっちでもいい」。不安なときに尋ねたとしても「任せる」。これを繰り返されると、「どっちでもいい」と聞かされた彼は、依存されて寄り掛かられている重さと、自分との会話で何も考えてくれないことへの苛立ちと、一緒に人生を歩んでもらえていない孤独感で、やがて心が離れてしまいます。

「どっちでもいい」と言いたくなったときは、そのまま思考停止で伝えるのではなく、一呼吸置いて、自分の考えを整理してみましょう。

もしかしたら、決める基準がわからなくて、自分の意見を伝えるのが不安なのかもしれません。彼に伝えたところで、それが彼と一致するのかどうか怖いのかもしれません。そもそも、人に自分の意見を伝えることに慣れておらず、自信がないのかもしれません。

でも、大丈夫。そうした気持ちも含めて、「不安だけれど、私はこう思う」とそのままストレートに彼に伝えてみましょう。

大切なことは、考えが一致することではなく、あなたが不安や自信がないながらもきちんと彼に向き合い、自分の考えを伝える、ということです。その姿勢がある限り、パートナーも伝えてくれたあなたの想いを受け止めた上で、決断してくれるようになります。

064

× NGな一言

「本当はずっと◯◯したかった」

←

◯ 通じ合う一言

「こうしたいから、こうしていこう！」

「本当は」と言われると、彼は裏切られた気持ちになる

人との関係で、一番すべてを破壊しやすいのが「本当は」という言葉です。人との関係で相手に気遣いをしやすく我慢する癖がある人ほど、自分の本音よりも彼のことを優先しがちになります。でもそれを最後まで続けることができず、いつか限界がきて、「本当はね」と話してしまう……。

こうして「本当は」と言われた瞬間に、人はその人との関係が今まで全部嘘だったんだ、という裏切られた感覚に陥ります。そして、相手のことをそれ以降信じられなくなります。

あなたとしては、相手に誠実に向き合ったつもりなのに、「今までのことはすべて嘘だった」と捉えられてしまう。それは、本当に苦しいことですよね。

ですので、**「本当は」と言いたくなった瞬間に、「これからはこうしたい」と言い換えてみましょう。**過去のことが嘘で自分は本当は苦しかったんだ、という過去をベースにすべてをひっくり返してしまうのではなく、これからの未来、願いのほうを見るのです。

「これからは、こうしたいからこうしていこう」。さらに、**「今まではよいと思っていたけれど、最近辛くなってしまって」**というように、「過去もそれはそれでよかった」という肯定のニュアンスを付け加えてみましょう。

065

× NGな一言

「わからない」
「知らない」

○ 通じ合う一言

「詳しくはないけれど、こう思った」

質問されたときは、
自分なりの意見を素直に伝える

質問されるときは、相手にも理由があります。ただ単に相手にわからないことを聞く場合と、心細さや不安がある・確信が持てないために意見が聞きたい場合です。

特に、**「どう思う?」と尋ねられた場合は、答えよりもあなたに意見を伝えてもらってそこで考えを整理したいなど、自分の考え以外の刺激を必要としている**のです。にもかかわらず、「わからない」「知らない」ばかりだと、彼は反応や刺激がほしいのにそれを与えられず、孤独になってしまいます。彼は、あなたに正解・不正解を問うテストをしたいわけではありません。そうではなく、あなたの存在を必要としているのです。

ですので、こうした場合は、彼と同じ知識を持っていなくても、それを前提とした上で、あなたの思っていることを伝えてみましょう。**「詳しくないけれど、聞いてこう思った」「外野からの意見だけれど、こうだと感じた」**などです。

あくまで私の視点だけれど、私の立場だけれど、と前提することで至らないところをフォローできますし、「こういうものでしょ」と正論をぶつけなければ、喧嘩にもなりません。

彼にきちんと伝えていきたい。その意思があれば、彼も「きちんと受け止めて考えてもらっている」ことに充足感を得ることができます。

Chapter

8

「言わなくてもしてほしい」を自然に叶える

彼をやる気にさせる

066

× NGな一言

「今月の給料これだけ?」

「今年は昇給できそう?」

○ 通じ合う一言

「いつも頑張ってくれてありがとう。
私ももっとサポート頑張るね」

会話を変える前に、
普段からの接し方をまず変える

ここでの問題点は主に三つあります。ひとつ目は、「これだけ？」という言い方で、彼の努力を認めていないこと。ふたつめは、彼の価値や存在よりも、お金を優先させていること。三つ目は、相手が頑張るかどうかにばかり依存していることです。

人は、短い会話の中にも相手の気持ちや考えを感じとります。過小評価されている。期待されていない。まだまだ頑張れと強制されている。今のままではダメというダメ出し。あなたがやらないという相手からの依存。あなたよりもお金が大切という価値観。

短い会話の中で無意識に思っていることが現れ、それが彼にも伝わり、関係に亀裂が生まれてしまう。でも、それは会話そのものに問題があるのではなく、**「普段からの接し方」に問題がある**のです。

会話を変える前に、まずは「自分の在り方を変える」ことを心がけていきましょう。

彼を認めること。お金よりも彼を大切にすること。共に頑張りながら生きていくこと。

それが「いつも頑張ってくれてありがとう」という会話になり、「私も一緒に頑張る」という短い言葉で表現されます。

目に見える部分は少しかもしれません。でも、あなたが在り方を変えたことは確かに伝わり、わずかな会話であったとしても、彼に確かな愛として必ず伝わるのです。

067

× NGな一言

「○○さんの彼のほうが優しくて素敵よね〜」

←

○ 通じ合う一言

「あなたはこんなところも、
あんなところも素敵だね」

誰かと比べて否定することは、
大切な人を傷つける

人は誰しも、できないところ、できるところがあります。ある人にとっては得意なことも、ある人にとっては絶望的に苦手で不出来なこともあるのです。

「隣の芝生は青い」というように、ほかの人のできる部分が輝いて見えることがあります。

ただ、その誰かの「見えている一過性の部分」だけを捉えて、自分のそばにいてくれる人を否定してしまうと、その否定は、そばにいてくれる人の「すでによい部分」まで失わせてしまうことになるのです。彼の見えない部分を見ない、誰かの芝生の青さだけをほめることは、そばにいてくれる大切な人を傷つけてしまうのです。

もし、こんなふうに**「隣の芝生が青く」見えることがあったとしたら、あなたの庭の美しさに目をとめるようにしてみてください。**うらやましいと思っている相手が持っていない、素敵なところを彼は持っているかもしれません。

もし、その才能や資質が、たとえ派手なものではなくても……誠実に接してくれたり、あなたのわがままを許してくれたり……**本当は意識すれば、あなたはたくさんの「与えられているもの」があるはず**です。

こうして視点を変えていくだけで、もう、隣の芝生は輝いて見えなくなります。「うちが一番美しい」と言えるようになれば完璧です。

068

× NGな一言

「○君は、
こんなに頑張っているのに(あなたときたら)」

○ 通じ合う一言

「いつも○○も△△も頑張ってくれて、
本当にありがとう」

あなたが味方になれば、
彼は自然に頑張るようになる

至らないところばかりフォーカスをされると、人は能力を落とし、萎縮します。

「同級生の○○ちゃんのほうが」「同僚の○○さんのほうが」……ただでさえ、私たちは現代社会で、あらゆる他人と比較をされながら生きています。

学校で、職場で、あらゆる場所で比較され、「より優れている」ほうが認められる。それ以外は認められない。そんなとても苦しい世界で生きているんですね。

だからこそ、こうした比較の価値観を、本来、安心安全な場所であるパートナーと共にいる場所にまで持ち出されてしまうと、比較された側は居場所がなくなってしまうのです。

パートナーシップとは、ただ単に共に生きていくことだけではなく、「相手にとって安心安全の場所である」という「心の居場所」の意味でもあります。

いつも認めてくれる。いつも味方でいてくれる。世界がどうであっても、その人だけは自分のことを大切にしてくれる。そんな安全地帯があってこそ、初めて人は「もっと頑張れる」「あなたのために頑張れる」と言えるようになるのです。

「頑張れ、もっとあの人のように」と言いたくなる前に、まずはあなたがパートナーにとっての安全地帯でいてあげてください。何があっても味方でいてくれる人がいれば、人は誰しも強くなり、もっともっとその人のために自然に頑張れるようになるのですから。

069

× **NGな一言**

「次は◯◯がほしい」

←

◯ **通じ合う一言**

「ありがとう、大切に使うね！」

プレゼントをもらったときの「もっと」は禁句

ものをほしがる際には、ふたつの欲求があります。

ひとつめが、「これをやったら、次はこれを揃えたいな」という、順序立てた欲求です。たとえば、ソファを新調したら、次はそれに合うテーブルを揃えたい。これは、もの自体も異なりますし、トータルで素敵にしていきたい、という健全な欲求です。その場合は、「じゃあ次はこれを揃えたいね」と伝えたとしても特に違和感は生まれません。

ただ、この欲求がトラウマ的なものになると話が変わります。子供時代に与えてもらったことがなく、与えてもらえばもらうほど、「もっともっと」と彼に甘えてしまう場合は、欲するもの自体もエスカレートしていくため、彼が与えることに疲れてしまうのです。

こうした場合は、**あなたの中の欲求が健全なものなのか、トラウマ的な欲求なのか、まずは見極めるようにしてみましょう。**そして、いったんそれをひとつのもので満足する「ありがとう、使うね」というところで止めることが大切です。

実際に大切にして使っているのを見れば、与えたほうからしても「使ってくれている、こんなに大切にしてくれているなら次もまた与えたい」という気持ちになります。

もし、トラウマ的な欲求の場合は、「彼に求めるのではなく自分で満たすこと」を心がけてみてください。**「もっとやって」は、二人の関係性を壊してしまう**からです。

070

×

NGな一言

「○○のほうがマシ」

→

○

通じ合う一言

「ここを少し変えたら、もっとよくなるね」

マイナスな誇張表現は彼をネガティヴな気分にさせる

強い言葉には魔力があります。特に、自分がネガティヴなときほど強い言葉を使ってその感情を理解してもらおうと（無意識に）してしまいがちですが、あまりに強い言葉を使われると、人の心は思った以上にダメージを受けます。

「～のほうがマシ」という言い方もそうです。

この表現によって、あなたの発言の意図が「改善」だったとしても、「あなたは誰よりもダメ」「あなたの存在は最悪」くらいに聞こえてしまうのです。そうなったらもう、目も当てられません。

こうしたときほど、**誇張表現をマイナスに使うのではなく、プラスに使っていきましょう。**「ここを少し変えたら、もっとよくなるね」には、「少し」なのに「もっとよくなる」という誇張が入っています。これは伝え方のテクニックになりますが、**こうして一言変えるだけで印象はガラッと変わります**よね。

よい意味でも、悪い意味でも、伝えるということには「洗脳」が含まれます。悪い表現ばかりしていたら、彼は悪い方向に行ってしまう。

でも、よい洗脳を続けていけば、それが彼の人生をよく変える素晴らしい指針になるのです。

071

× NGな一言

「恋人ならこうすべきだよね、
夫婦ならこうすべきだよね」

○ 通じ合う一言

「私とあなたが納得できる形を見つけていきましょう」

「べき」という言葉は、
彼に心の痛みを負わせてしまう

「べき」という言葉は、現代人が持たされた大きな呪いのひとつです。老若男女かかわらず、どんな人であったとしても、「普通はコレだよね、でもそれ以外のことはダメ」と相手を一撃で封じ込めてしまう言葉だからです。

私たちが子供時代、親から「勉強すべき」と言われて、あるいは自分のやりたくないことを強制されて、「でもそれが普通、それ以外はダメ」と断罪されて辛かったように、パートナーシップでも「べき」は彼に最大の痛みを負わせてしまいます。

ここでどうか思い出してほしいことは、**目的は「一般論で相手を封じ込めようとする」ことではなく、「あなたがパートナーと一緒に幸せを感じられること」だということ**です。

一般論には当てはまらないかもしれないけれど、お互いが心地よければそれが一番いい。そういった形を見出すことが、「二人で幸せになること」なのです。

だからこそ、話し合いの際には**「普通はこうすべき」ではなく、「私たちはこうしていこう」**と、二人が納得する形を見つけるように心がけていきましょう。

「私はこういうのが幸せ」「あなたはどういうのが幸せ？」

二人の世界で、二人が幸せになるために、二人で共に話し合う。こうして初めて、「二人にとっての幸せ」のスタートラインに立てるのです。

072

×

NGな一言

「〇〇さんち、
今度品川駅前のタワーマンションに引っ越すのよ。
さすが、メガバンクはお給料が違うわね」

←

〇

通じ合う一言

「駅前のタワーマンション、とても素敵だね。
住めるように一緒に頑張る」

相手のプライドを傷つけるような比較は伝えない

実は、会話のコツには、「言わなくていいことを考える」ということも含まれます。**言葉を伝えるだけが会話なのではなく、「伝えなくていいことは伝えない」という決断も大切なコミュニケーション**なんですね。

たとえば、「本当に素敵ですね」と言われたら、素直にうれしさが出てくるかもしれませんが、「あの女優と比べたら劣るけれど、でも素敵ですね」と言われたら、「どうしてわざわざそんなことを持ち出すの？」と、がっかりしてしまうと思います。

それくらい、会話は「言わなくていいこと」を含めて成り立つのです。

ここでの**言わなくていいことは、「他人との比較からの相手を下げる言葉」**です。あの人は優れている、でもあなたは……と伝えず、まっすぐに思っていることだけを伝えたら印象はガラリと変わります。あくまであの人とのことがきっかけでいいなと思ったけれど、実際に伝えたいことは、「私もああいうマンションがいいと思う！」ということですね。

きっかけは伝えなくてもいい。聞かれたら、あとから伝えるだけでいい。

特にそれが、相手のプライドを傷つけるような比較であれば、そっと心に秘めて伝えないコミュニケーションをすること。**願いを一緒に叶えていきたいときは、あなたの中の本当の願いや素敵だ！という思いだけにフォーカスをしていきましょう。**

073

× NGな一言

「好きにすればいいじゃない」（と突き放す）

↓

○ 通じ合う一言

「私はあなたと一緒に生きていきたいし、一緒に幸せになりたい」

なって困ることは言葉にしない
もし言葉にしてしまったら謝る

人は追いつめられると、思っていることと真逆のことを「ついうっかり」言ってしまうことがあります。「好きにすればいい」という言葉も、決して本当に好きにしてもらいたいわけではない。本当は、その真逆のことを願っている。でも、あまりにも思い通りにならないことで、「もう勝手にすれば」と心とは裏腹なことを伝えてしまうんですね。

けれど、この言葉は、後悔しか未来にもたらしません。なぜなら、「好きにすれば」と言われたほうは、あなたの繊細で裏腹な気持ちを感じとるよりも、「言われた通りに受け止める」ことをしてしまうからです。そう、「あなたが好きにすればと言ったから、本当に好き勝手したよ」というような、より面倒でこじれた関係になってしまうんですね。

こうならないように、**一瞬、感情的になったとしても、「そうなってしまったら困る」ということは、言葉にしないように意識していきましょう。**

言霊という言葉があるように言葉には思いが宿ります。言葉を適当に使ってしまったことで、未来がそのようになってしまうことを、日本人は古来から畏《おそ》れ、気をつけてきました。

「本当は、私はあなたと一緒に生きていきたいし、一緒に幸せになりたい」

あなたの想いが乗った言霊は、相手にも届き、その通りの未来を導いてくれます。

Chapter 9

本当に心通じるための伝え方とは？

彼への気遣い

074

× NGな一言

（目を見ずに）「ねえねえ、そういえばさ」

○ 通じ合う一言

（しっかりと相手を見て）「ねえねえ、あのね」

彼をまっすぐ見て話すと、
愛情が伝わる

実はコミュニケーションとは、単に会話をすればいいということではありません。コミュニケーションには、「態度」も含まれます。

同じ話しかけることであっても、**彼のことをまっすぐに見て伝える伝え方と、目も見ずに話しかける伝え方では、真剣さも彼の意欲も変わってしまう**のです。

その人に対して背を向けたり、顔を向けないことで、「あなたのことは二の次」という〝どうでもよい感〟を生み出してしまう。

一方で、まっすぐにその人を見て、その人に集中しながら「聞いてほしい！」と話しかける。

どちらが真剣さや愛情が伝わるかは、一目瞭然だと思います。

人は鏡です。自分がしている態度や感情、それをそのままそっくり相手も感じます。

会話する前のあなたの態度を見直してみましょう。

彼のことをまっすぐに見ているかどうか、相手が話せるよいタイミングを待てているかどうか、彼の様子や表情に興味を持ちながら話しているかどうか。

相手はマネキンではなく、人間です。あなたが興味を持ち、尊重の気持ちを持てているかどうか、それとしっかり向き合っていきましょう。

075

× NGな一言

「あのとき、やってくれるって言ったのに」

○ 通じ合う一言

「よかったら、今、やってくれるとうれしい」

過去を責めることに
時間を割くのはやめる

「あのとき、やってくれるって言ったのに！」というように、過去を責めるということは、実はとても非効率です。

なぜなら、過去を責めることに今の時間を使ってしまうから。結果的に、過去のことに何度も何度も時間を割くことになり、パートナーとの間には、「過去のことを何度も恨みがましく蒸し返されている」という印象を与えることになります。

基本的に、人は忘れやすいものです。自分の大切なことも、うっかり忘れてしまうことがあります。

そのため、こうした「彼が忘れている」ケースでは、**「あのときに言ったのに」という事実よりも、「今、それをやっていない彼にどうしてほしいのか？」だけを伝えたほうが効果的**なのです。

あなたも目的を達成することができるし、彼も過去の不出来さを責められることなく、建設的な関係を作ることができるんですね。

ですので、こうした場合は、**「あのとき、これをやっといてと言ったのに」と過去の話をするのではなく、「今、（やっていなかった）これをやってほしい」と伝えてみてください**。今、この場ですることであれば、彼も忘れずに実行することができます。

076

×

NGな一言

「（時間を区切らずに）これを聞いてほしい、あれも聞いてほしい」

←

○

通じ合う一言

「しんどいから30分くらい話を聞いてくれるとうれしい」

愚痴は時間を区切って言い、
お互いの人生を大切にする

誰でも、愚痴を聞いてもらいたいときや、ちょっとした気持ちを吐き出したいときはありますよね。いくら相手のことが大切で尊重したいからといって、こうした自分の弱さまで閉じ込めてしまうと、やがてその犠牲感が重なり、爆発したり、うつ状態になりかねません。**愚痴は悪いものではなく、自分の気持ちを整理するために必要な機会**なのです。

もちろん、男性もそれは理解しているので、愚痴そのものが嫌なのではありません。ただ、苦手なのは、愚痴の時間が何時間、何日間も続いてしまうことです。あまりにも長い時間、愚痴が続いてしまうと、最初は「聞いてあげたい」と思っていても、「まだ終わらないの？」「こう改善すればいいのに」と、話を終わらせたくなるのです。

その理由は、愚痴は決して楽しいことではないから。楽しい会話をしたり、うれしい体験をすることもできるのに、嫌な相手に支配されて苦しみを長引かせているのは、とてももったいなく感じてしまうからです。

こうした場合は、**時間を区切って聞いてもらうようにしましょう。そして、それが終わったら気持ちを切り替えて、次は楽しい話題やなどに切り替えていきましょう。**あるいは、彼からアドバイスをもらい、そこで話題を終了します。

会話を選べるように、二人の過ごす時間をどうするのかも、選ぶことができるのです。

077

×

NGな一言

「もう本当に嫌になっちゃう」

○

通じ合う一言

「あなただったらどうする?」
「この部分を、こう改善していきたい」

愚痴は言わずに、
どうやって解決するかを話し合う

頑張って毎日を生きていれば、愚痴のひとつも言いたくなることもあるでしょう。それは人間らしく、決して悪いことではありません。

ただ、その愚痴が、いつまでも解決することのないことだとすると、「目的思考」の男性的な人から見れば、「生産性のないことを繰り返している」とうんざりしてしまうこともあります。

そうした場合は、**愚痴を言っている問題について、自分がどう解決したいのか、どのように改善していきたいのか、それを話し合ってみてもいいかもしれません。**彼だったらどのようにするのか？　彼ならどのように考えるのか？　彼だったらどのように解決するのか？

実は、愚痴を聞かされることは人にとって精神的な負担になりますが、解決に対しての相談や改善策であれば、人は苦痛を感じずに話し合うことができます。

あなた自身も、その問題が解決すれば、もっと素敵に笑いながら毎日を過ごせるようになりますよね。

大丈夫、解決したいと思っているあなたは、前向きで素敵に見えます。怖がることなく、彼に力を借りて、その問題から抜けて、人生を変えていきましょう。

078

× NGな一言

「そんなつもりじゃなかった」

↓

○ 通じ合う一言

「ごめんなさい、これからは気をつけるね」

失言したら、まず謝り、「今後はしない」と伝える

あえて傷つけたいと思っているわけではないけれど、ふとしたことで彼を傷つけてしまう。生きていれば、そういうこともありますよね。

そんなときほど、即座に「そんなつもりじゃなかった」と言いたくなるかもしれません。確かに、そんなつもりではなかったのだと思います。でも、ここで要注意。**「そんなつもりじゃなかった」という言葉は、多くの人にとって、無責任な言い訳として捉えられてしまう**からです。その理由は、「そういうつもりではない」というのは、あくまで自分の都合に過ぎないからです。そういうつもりではなくても相手にとっては傷つくことだった、というように双方の間で認識のずれが生まれてしまっているんですね。

ですので、こうした場合は、言い訳したくなる気持ちをグッと抑えて、**最初に「ごめんなさい」と素直に謝りましょう。**そして、「これからはもうしないよ」と、言い訳の代わりに、今後のことを伝えます。こうすると、彼も傷ついたことについて謝ってもらって気持ちが落ち着くのと、「今後はしない」という約束をとりつけられたことで、安心してまたあなたと話ができるようになります。トラウマにならない、ということですね。

そして「そんなつもりじゃなかったんだよね」と、彼のほうが歩み寄ってくれることも多くなります。**伝え方は、伝える順番によっても大きく結末が変わる**ということです。

079

×

NGな一言

「だってあなただって、〇〇じゃない」

↓

〇

通じ合う一言

「お互いに直していこうね」

マイナスの方向ではなく、
プラスの方向に会話を持っていく

会話というのは、流れによってどんどんネガティヴな方向に進んでしまいます。

「だってあなただって」という言葉も、そのひとつです。自分だけではなく、彼にも悪いところがある、という意味かもしれませんが、こうして悪いところを深掘りしてしまうと、「でもお前だって」「あなたなんてもっと」というように、どんどんマイナスの方向に流れていってしまうのです。こうなってしまうと、ただのちょっとした口喧嘩が、大きな喧嘩に発展してしまい、「別れる・別れない」という、本格的な亀裂になりかねません。

そうした場合は、**マイナスの方向に会話の流れを持っていくのではなく、プラスの方向に流れを持っていくように心がけてみましょう。**

相手にも悪いところがある、という言い方ではなく、「お互いに修正してよい関係性を作っていこうね」というように、**「悪いところはあるけれども、お互いに直していこう」**と改善を提案していくのです。これだと、私も直すから、あなたも直してねというように、お互いがよくなる未来に向けて歩み出すことができます。

別れてしまったり、喧嘩になったり。それは、「会話の流れ」が破壊的になってしまっているからなのです。もともとは大好きだった相手。だからこそ、壊してしまうような流れではなく、お互いによくしていく、そんなシナリオを描いていきましょう。

080

×

NGな一言

「(適当に)ありがとね」

○

通じ合う一言

「いつも〇〇してくれてありがとう」

感謝の言葉はできるだけ
具体的に、明確に伝える

感謝を伝えるときには、**具体的に何に対して感謝しているのか、それを明確に言葉にすることが大切**です。その理由は、ふたつあります。

ひとつ目は、適当に言われるのではなく、**しっかりと具体的に感謝されることで、彼にはきちんと自分の好意を受け取ってもらっている、という安心感が生まれる**からです。

たとえば、適当に「ありがとね」と言われるよりも、「いつも気にかけてくれて、優しい言葉をかけてくれてありがとう」と言われたほうが、自分が彼にしたことがしっかりと伝わっている、と思えますよね。

そしてもうひとつは、**相手に対して具体的にお礼を伝えることで、「この人はこれをやったら喜んでくれるんだ」と彼に認識させることができる**ためです。たとえば、「こんなに綺麗なお花をプレゼントしてくれてうれしい。お花があるだけで毎日がうれしくなるね、ありがとう」と伝えたとします。すると彼は、「花があるだけでこんなに喜ばせることができるのであれば、もっとしてあげよう」と思うようになるのです。

このテクニックを使えば、彼がもっとあなたを喜ばせるために、ピンポイントに頑張ってくれるようになるため、あなたもより人生が豊かになりますよね。

これは悪用注意！　でも効果は抜群！　の㊙テクニックなのです

081

×　NGな一言

「また無駄遣いしたの？」

○　通じ合う一言

「もし、ストレスや辛いことがあったら言ってね」

責めるのではなく、
なぜ問題行動をしたかに思いを馳せる

ここでの会話はとても大切です。なぜなら、前者は無駄遣いについて指摘をしていますが、後者はストレスについて話をしているからです。

これは、無駄遣いやお金の使い方が荒い場合、その人の中に「お金を使うことでしか発散できない何か」が隠されている場合があるからです。

後者は、ただ無駄遣いをした、ということが問題の本質ではなく、「なぜ遣ってしまうのか？」ということに着目しているんですね。

こうすることで、その人の問題行動に対する指摘ではなく、「問題行動をしてしまっている、そのストレスを理解しようとしている」というこちらの誠意と優しさが伝わるため、彼が心を開いて話をしてくれる場合があります。

このように、**コミュニケーションでは、表面的な部分を捉えるのではなく、「なぜ、その人がそんなことをしてしまっているのか？」という視点を持つことが大切**です。

記憶を失うまでお酒を飲んでしまう。買いたくないものを買ってしまう。食べたくないものを食べてしまう。こうした経験はきっとあなたにも思い当たる部分があると思います。

隠された意図を考えてあげられるなら、パートナーも心を開いて会話をしてくれるようになります。問題行動についても、一緒に解決していく道筋が見えていくことでしょう。

Chapter

10

いつの間にか最強のパートナーになる話し方

彼との愛を深める

082

× NGな一言

「本当に〇〇だったの？」

←

〇 通じ合う一言

「わかった、話してくれてありがとう」

彼を信じる心の強さを
持つことが大切

人を信じることって本当はとても怖いことです。彼が本当のことを伝えてくれているかどうか、もしかしたら嘘なのかもしれない。それは、パートナーや恋人であったとしても、結婚したとしても、いつからでも生じる問題です。だからこそ、**人を信じることは、「彼がもしかしたら嘘を言っている場合もある」という恐れを受け止める強さが必要**になります。

もちろん、最初から彼を見極め、普段から嘘をつかない人かどうか、自分の目で見て判断することはとても大切です。でも、そうやって見極めたとしても、信じることには恐れがつきまといます。信じるとは、自分との戦いでもあるのです。

もし、「本当にそう？」と疑いそうになったときほど、「それでも彼が言っていることをいったん受け止めよう」と思う勇気を持ってみてください。あとになってから、それが嘘だったとわかるかもしれない。でもそのときは、「私は信じたけれど、彼が裏切るという相手の問題だった」と、彼と境界線を引いてあなた自身を守ってあげましょう。

だまされた私が悪いのではない。信じた人を裏切る、相手が悪いだけ。

人を信じようとする強さを持てるあなたは、とても素敵です。仮に彼が問題を抱えている人だったとしても、あなたの人を信じる純粋性は、誰も汚すことができないのです。

083

× NGな一言

「どうせ○○だって思ってるんでしょ？」

○ 通じ合う一言

「……」
（それは私が思っているだけかもしれない、と自分と向き合う）

「どうせ」は
思い込みと決めつけの言葉

人は、自分の心の中にあるものを投影しながらこの現実を見ています。男性不信の人は、「男はどうせ信じられない」という思い込みを持ちながら現実を見る。女性は優れていると思っている人は、「男は劣っている」という思い込みを持ちながら現実を見る。

この世界には「事実」があり、「相手には相手の思いや事情」があるのですが、それをそのまま見るのではなく、「自分の心の中にあるものを相手に当てはめて考えてしまう」のです。ほぼすべての人が、こうして心の中にあるものを「投影」しながら現実を見ています。

パートナーシップも同じです。「私は馬鹿にされる人間だ」と思っていれば、「今、私を馬鹿にしてそう言ったんでしょう?」という投影で、彼や現実を決めつけてしまうのです。

でも、彼の本当の気持ちや彼の事情を理解することはできません。**「どうせ」と思ったら、その瞬間、「でもそれは私が思っているだけかもしれない」と、黙って自分の心に意識を向けましょう。**

「ただの投影かもしれない。彼は違うかもしれない」。そして、彼の本当の気持ちを聞いたり、相手の事情を正しく知るように心がけてみてください。

一瞬だけ、立ち止まる。それだけで、争いは避けられ、変えられる現実もあるのです。

084

× NGな一言

「結婚するなら正社員じゃないと不安、給料が不安、将来が不安」

○ 通じ合う一言

（自分で決めてから）「一緒に◯◯していこうね」

不安をどう解消したいのか、
自ら提案しよう

会話は、実はふたつの種類があります。

ひとつ目は、相手に話しかけているようでも、自分の気持ちだけにフォーカスしているもの。独り言に近いです。ふたつ目は、相手とやり取りのキャッチボールをしながら、お互いに共感したり、情報を交換したり、意見を交わすものです。

今回のＮＧな一言は、前者に該当します。一見、話し合っているように見えるのですが、「不安」という自分の気持ちにのみフォーカスをしているため、これだと建設的な会話につなげることができません。

不安を解消したい場合は、まず不安を持っているのは自分と自覚した上で、「不安な自分がどうするのか」を決めることが大切です。

不安だから、やっていけないのか。不安でも、やっていきたいのか。この決定ができたら、初めてやり取りができる会話になり、「不安だから、こう解消していこう」というような提案や相談ができるようになります。

自分の気持ちと実際の相談を切り分けて話をしてみること。それだけで、相手は「ただ感情をぶつけられている」という不満から、「建設的に話し合って相談して解決していこう」という状態にシフトすることができます。

085

× NGな一言

「どうせ浮気してるんでしょ?」

○ 通じ合う一言

(事実を把握した上で、話し合う)

不安を感じたら、
それが妄想なのか現実なのかを見極める

不安なことがあるときは、まずすべきことがふたつあります。

その不安が、単に自分の想像の中のことなのか。それとも、実際に不安材料があることで、不安になっているのか。そのふたつ、妄想なのか現実なのかの区別をつけること。こうして区別して初めて、次の会話につなげることができます。

もし、**あなたの中の妄想であれば、「それは単に過去のことで、今はそうじゃないんだ」と、自分に対して話しかけてあげることが大切**です。

過去にとても辛いことがあって苦しかったですね。でも、もう大丈夫。自分をいたわり、落ち着けてあげてくださいね。そして、昨日と変わらず、パートナーを大切にしてあげてください。きっと、昨日よりももっと素敵な二人になれるはずです。

でも、もし**実際に不安材料があった場合は、「何があったのか」をきちんと彼に説明した上で事情を聞く必要があります。**

たとえば、彼が予定についての嘘をついているのがわかった。陰でこっそり女性と会っているのを見てしまった。その場合は、周囲の人に相談してから話し合いの場を持ってもいいですし、無理をしない範囲で事情を聞いたり、今後のことを話し合ってみてください。

事実なのか、妄想なのか。会話の前段階での見極めをしっかりと行なっていきましょう。

086

×

NGな一言

「正直に言ってよ」↓正直にいうと怒る

←

○

通じ合う一言

「……」

（仮に怒りたくなっても、
相手の言っていることを受け止める）

正直に言ってほしいときは、
それを受け止める覚悟を持つ

人間関係では、「相手の気持ちを受け止める強さ」が必要になることがあります。

特に恋愛ではそうです。ときには自分が聞きたくないようなことも、彼から「本音」として聞かされる場合もあるからです。

でも、人間ですから、ストレートに伝えられたらそのときはショックですよね。

「もっと化粧くらいしてほしい」とか、「ご飯がまずい」とか……。

そんなとき、思わず言い返したくなる気持ちは、とてもわかります。「いつもやってるでしょ」「ならあなたが作りなさいよ！」など……。けれど、ここで大切なことは、その答えを望んだのはあなたということです。「正直に伝えてほしい」という願いは、こうした「自分がまったく望まないことも言われることがある」ことを忘れてはいけないんですね。

ですので、**「正直に言ってよ」と言いたくなるときは、それを受け止める覚悟を持つことが大切**です。どんなことを言われても、まっすぐに受け止める。彼は悪気があって言っているのではなく、関係を壊したいわけでもなく、単に、言い方にデリカシーがないだけで、彼もまたその問題によってとても苦しんでいるから伝えてくれたのです。

伝えてくれたことを受け止めて改善することができれば、二人の関係性はもっとよくなります。ときには本音でぶつかることも、互いの関係をよくするために必要なのです。

087

×

NGな一言

「私よりあの子が好きなんでしょ？」

○

通じ合う一言

「（事実をしっかり見た上で）
いつも愛してくれてありがとう」

自分が「ネガティヴな投影」を
していないかをチェック！

人は、会話に自分の心の中のネガティヴさを投影してしまうことがあります。投影とは、「そこにはないのに、まるであるかのように見てしまうこと」。

特に恋愛では、自分の中に自信のなさや引け目があったり、普段から同性と自分を比較ばかりしていると、その自分の思考に合わせて脳がすべてを投影して見るようになります。

たとえば、彼がぶつかりそうだなと思って近づいてきた女性を避けるのを見たとしても、「あの女性のことが好きなんでしょ？　今、いいと思っていたからそんなに見たんでしょう⁉」というように、言いがかりとも思えるようなことを言い出してしまうのです。

言われた側は「なぜそんなこと言うの？」と返しますが、投影が強いと、その返事すらも「ごまかしている」「あなたは最低」というようにエスカレートさせてしまうのです。

こんなチグハグな会話をしているなんて、とても怖いことですよね。でも、投影が強いと、それが真実だと思い込んでしまうため、すべてをネガティヴに捉えてしまうのです。

こうした場合は、**相手と話し合うよりも先に、「自分が投影をしている」ということに気づくこと**です。

「私は自分の自信のなさから、事実とは異なる現実を見ていない？」

こうして振り返ることで、落ち着いて、事実となる彼の愛を受け取れるようになります。

088

× NGな一言

「だから友達が少ないのよ」

↓

○ 通じ合う一言

「傷ついたから、これからは〇〇してほしい」

攻撃するのではなく、
傷ついたことをしっかり伝える

彼が失言をしてしまったり、ついあなたを傷つけてしまったとき。どうしてもその心の傷がショックで、「だからあなたはできていない」など、防衛本能で攻撃してしまうことがあります。けれど、こうした攻撃と報復は、二人の関係を悪くするばかりで、あなたが望むような改善にはなりません。

傷ついたことは一瞬苦しかったとしても、それを冷静に伝えるように心がけていきましょう。きちんと「傷ついた」と素直にまっすぐに伝えてみてください。

攻撃してしまうと、彼はあなたが伝えている真実よりも、「攻撃された」というショックのほうが勝ってしまい、本能的に攻撃し返そうとします。でも、あなたが「傷ついた」ということを冷静に伝えることができれば、彼が心ある人であれば、きちんとそれを理解してくれます。そしてさらに、「今後はこうしてほしい」という希望まで伝えることができれば、彼はあなたを傷つけたことをしっかりと理解し、改善しようとしてくれます。

攻撃は二人の関係性をよくしません。そして、彼が謝る機会を奪ってしまいます。あなたが傷ついたとしっかり伝えることで、彼に反省と謝罪の機会を与えることになります。**伝えることで彼に理解させる。その上で、あなたを尊重させる。**それも、愛し合う関係性を作る上で、とても大切なコミュニケーションなのです。

Chapter

11

ついうっかり言ってない？ こんな発言に注意！

気をつけたい NGな会話

089

×　NGな一言

（興味なさそうに）「ふーん」

←

○　通じ合う一言

「そうなんだ、もっと教えてほしいな」

適当な返事をされてばかりだと、
彼はがっかりしてしまう

相手の話に興味がない、ということは誰にでも起きることです。みんながみんな、すべての物事に詳しいわけではありませんし、まったく同じ趣味の人もあまりいません。

ただ、そこで適当に返事をしてしまうことが何度も続くと、「この人は自分に興味がないんだな」とがっかりさせてしまい、「もうこの人と話すのはやめよう」と思わせてしまうこともあります。

そんなときは、**少しあなたが譲歩して、「その話はわからないから、もっと教えて」というように詳しく話してもらうようにしてみてください。**すると、あなたが何も知らなかったとしても、彼は気持ちよく専門家としてあなたに話してくれるようになります。

こうすると、あなたも自分の知らなかったことについて新しく知識を得ることができますし、彼も気持ちよく話すことができて、一石二鳥ですよね。

実際に、付き合った当初はまったく車に興味がなかった彼女が、「詳しく教えて」と伝えることで、彼が上機嫌でいろいろ話すようになり、結果的に彼女も車が好きになり、二人でたくさんのドライブや車のイベントに行くようになった、ということもありました。

会話では、相手に心地よく話してもらうということも、あなたの世界を広げていくということも、とても大切なことなのです。

090

×

NGな一言

「あのね、今日はね……」（自分の話ばかり）

→

○

通じ合う一言

「今日はどうだった？」

二回に一回は
彼の話を優先して聞くようにする

気持ちよく話をしたい。自分の話を聞いてほしい。その欲求は、男女関わらず誰の中にでもあることです。

でも、あまりにも自分の話ばかりを聞いてもらうことを優先していると、彼の欲求が否定されることになり、それがきっかけで、二人の関係性がおかしくなってしまうこともあります。

こうした場合は、とてもシンプルに、**まずは彼の話を優先して聞くようにしてみましょう。**

いつもいつも、ではなくてもいいです。二回に一回はそうするだけでも、彼は「進んで自分の話を聞いてくれているので、自分もそうしよう」と思ってくれるようになります。

これは、心理学の**「返報性の法則（返報性の原理）」**を利用しています。やってもらったら、その相手に同じことをしたいと思う、人間の心理です。

この法則を応用すると、家事をしてもらうことも、話を聞いてもらうことも、お互いに無理なくコントロールできるようになります。

自分以外の誰かと一緒に過ごすということは、こうして「お互い様」を意識することでもあるのです。

091

× NGな一言

（いつも顔を見ずに話をしてしまう）

←

○ 通じ合う一言

（相手のほうをしっかり見て、体を向けて話をする）

彼への関心や愛情は「全身で」表現する

会話は、実は「言葉だけ」ではありません。

どうしても会話するというと、私たちは「どんなことを言えばいいのか」「どんな言い方をすればいいのか」など、言葉にこだわってしまいがちになります。けれど、**実際の会話とはコミュニケーションのすべてを含みます。**もちろんその中には、言葉や言い方だけではなく、それに伴《ともな》った「態度」や「在り方」も含まれるのです。

たとえば、「愛してるよ」ということを、あなたの目も見ずに伝えられたらどう思うでしょうか？　その言葉に満足するというよりも、「言葉としては愛してると言ってくれているけれど、めんどくさそうにいい加減に言ってるな……」と悲しくなってしまうと思います。そう、どんなに言葉が誠実だったとしても、「その言葉を伝えるときの態度」が真逆のものであれば、人はその態度から相手の冷たい本心や関心のなさを受け取ってしまうのです。

だからこそ、**会話をするときはできるだけ「何かしている手を止めて、まっすぐに目を見て相手の話を聞く」ようにしてみましょう。**どうしても手が離せないときは、それを伝えた上で、でも一生懸命に聞いていることを事前に伝えます。

あなたを愛している。あなたはとても大切な存在。あなたのことを尊重しているよ。その心は、あなたが表現するすべてで伝わっていくのです。

092

×

NGな一言

「ちょっと話があるんだけど」

←

○

通じ合う一言

「○○を△△する話なんだけど、今いいかな？」

大事な話をするときは、
テーマと結論を先に提示する

真剣なときほど、しっかりと話をしたい。あなたの愛が誠実だからこそ、「話し合い」は女性にとって特別な時間です。なぜなら、話し合うことで彼と「気持ちをわかり合える」ための時間になるからです。

けれど、その言い出し方によって、男性は「何の話？」「また嫌なこと？」「長くなりそう」「怒られる？」「面倒なことなら聞きたくないなあ……」と、つい悪い想像をして、逃げたくなってしまうことが多いのです。

これは、**「防衛本能」**によるもの。子供のとき、母親に何時間も感情的に怒られた。それと同じようなネガティヴな想像をもとに構えてしまうのです。

そんなとき、**あなたが最初から「テーマはこれ」「結論はこれ」と提示することで、男性のネガティヴな予測を回避し、安心させることができます。**

子供時代の「お母さんからの言葉」とあなたの言葉が重なってしまうなんて、思いもよらないかもしれません。

けれど、人は過去の経験をもとに現実を考えます。彼も人間だからこそ、誰かとあなたが重なることもある。

そこは、誰しもあることとして理解してあげてくださいね。

093

× NGな一言

「いつか行けたらいいな……」

○ 通じ合う一言

「次の休日に○○に行きたい！（行こう！）」

具体的に提案しなければ、男性は動いてくれない

愛する人と一緒に出かけられたら幸せ。そう思うのは、とても素敵な気持ちです。ただ、ここであなたのその素敵な気持ちを折る男性の習性があります。「具体的に言われなければ、実行できない」というものです。

「いつか行けたらいいな」は、男性にとって、具体的ではないし、ただの空想や夢に聞こえてしまうんですね。女性にとって、それが本気で叶えたい夢であったとしても、**具体的な日時や場所を決めなければ、男性には通用しません。**

だからこそ、「次の休日に」「再来週の日曜日に」など、具体的な日時を決める。「ディズニーランドに」「江ノ島の海際のレストランに」など、具体的な場所を決める。この2ステップをしてみましょう。

あなたが具体的に決めることで、男性の脳は初めて「実際にその行動が可能かどうか？」という検討の段階に入ります。「その日は難しいから次の日ならどう？」「江ノ島には電車か車で行く？　何時頃行きたい？」というように。

あなたの夢は、こうして「具体化」した話をすることで叶います。**「やれたらいいなあ」ではなく、「やろう！」と、自分の幸せを自分で導くこと。**ときには、こうしたリーダーシップをとることも、あなたが幸せになるためには必要になるのです。

094

× NGな一言

「辛い、苦しい、嫌だ」

○ 通じ合う一言

「○○を××してくれたらうれしいな」

あなたの「感情」ではなく、「問題点」のほうを伝える

女性はとても感情が豊かです。そのため、自分の気持ちを伝える際に、どうしても感情ベースで伝えてしまうところがあります。一方で、男性は感情よりも思考ベース。だからこそ、感情で伝えられたときに、あなたの「わかってほしい」や「自分に共感してほしい」がわからず、「ただ怒りをぶつけられている」「不満をぶつけられている」というストレスを感じるしかできなくなってしまうんですね。

でも一度、「そもそも自分が何を伝えたかったのか？」という目的に立ち返ってみてください。もちろん、辛い、苦しい、嫌だ、はあると思います。けれど、ここで大切なことは、**感情で終わらせなければ、「相手と協力して問題を解決することができる」**ということです。

あなたがそもそも何が問題で嫌だと思っているのか、その「問題点」のほうを伝えられれば、あなたと一緒に問題を解決していきたいと思えるのです。

「掃除に負担があって嫌になる」のであれば、「掃除に負担があって体が辛い」という問題に対して「では掃除ロボットを買おうか」というように提案することができます。

自分の「嫌だ」の正体を見抜くことができれば、あなたは誰よりも心強い、幸せの道筋を手に入れることができるのです。

095

× NGな一言

「普通なら、これくらいわかるでしょ」

○ 通じ合う一言

「これからは◯◯してくれると助かる（うれしい）」

「普通なら」は、
彼を傷つける危険な言葉！

「普通なら」という言葉は、とても危険を秘めています。「普通ならこのくらいでいいよね」と、有用な物差しとして使うこともできる一方で、「普通ならできるのに、あなたはできない」という、極度の批判的な言葉にも使われるからです。

「普通ならできるのに」と言われてしまうと、「自分は普通以下なんだ」と思って心が萎縮してしまうのは、男性も女性も同じですよね。

もちろん、あなたの中では「これくらい言わなくても理解していてほしい」という希望があるのですが、「普通」は人によって・生きてきた環境によって異なるために、あなたがSOSを出している真意が伝わらなくなってしまうのです。

そんなときは、**「普通なら」と言いたくなる気持ちを少しだけ抑えて、「これからは◯◯してほしい」と、彼の不出来・不理解には触れずに、これからの希望だけを伝えるようにしましょう。**

本当なら彼に変わってほしいからこそ伝えたいことであったとしても、批判が先にきて、彼が心を閉ざしてしまったら、改善するものも改善できなくなります。**「本当に伝えたいこと」だけを伝えることも、愛情あるコミュニケーションのやり方**なのです。

096

× NGな一言

「あなたがやるよりも、
私がやったほうが上手いから」

○ 通じ合う一言

「ありがとう！　やってくれてうれしい！」

気持ちよく相手がしてくれることを
まっすぐに受け取る

過剰な自信は、ときに人との関係性や好意を壊してしまうことがあります。

そのひとつが、「私のほうができる」というような能力の誇張です。ある意味、「あなたのほうが上手にできる」というのは、正しい「事実」かもしれません。けれど、人は事実のみで生きているのではありません。特に、パートナーシップはそうですね。「あなたにやってあげたい」という相手からの思いやりや愛情、心遣い。こうした想いで接してもらえるからこそ、人はその人の存在に感謝し、深く愛情を感じることができます。けれど、「あなたよりも私のほうができる」という主張は、こうした相手の温かい気持ちを打ち砕いてしまうのです。

こんなときは、**まずは彼がやってくれようとする、その気持ちをまっすぐに受け止めるようにしてみましょう。**彼のあなたへの愛情、優しさ、大切にしているからこそやってあげたいと思う心、この愛を受け取るようにしていきましょう。

こうして**あなたが受け取ってくれることで、彼はますますあなたのために頑張り、してあげたくなります。**

その結果、最終的にはあなたを喜ばせるほど上達する、そんな素晴らしい現実も育《はぐく》んでいくことができるのです。

097

×

NGな一言

「まあ、言ってもわかんないか」

←

○

通じ合う一言

（相手の心が回復するまで話し合いを待つ）

うんざりした気持ちになったら、
話すのはやめて自分のケアを

コミュニケーションで最悪なのは、「相手を動かそうとする嫌味」です。特にこのセリフは、それに当てはまります。

あきれている、疲れ果てた、もう嫌でうんざり。そういったニュアンスを含めて相手にわかってほしいのかもしれませんが、残念ながらこの表現では、彼は「気持ちを理解する」ことにはならず、「嫌味を言われて、もう話したくない」という気持ちしか生み出すことができません。それくらい、嫌味は彼の心を閉ざしてしまうのです。

では、そんなときはどうすればいいのでしょうか?

「時間薬」を使います。嫌味を言いたくなるほどネガティヴな気持ちになっている、相手との関係に疲れている、その気持ちのまま話すのではなく、**「疲れた・うんざり」というあなた自身を、まずはケアすることに意識を向けてください。**

疲れているのは本当だと思います。嫌だなと思っているのも本当だと思います。だからこそ、それを伝えてさらにわかってもらおうとして、結局彼がわからずにもっと嫌な気持ちになる。そのループを止めるために、**まずは「疲れている自分をケアする」ほうに意識を向けること。**こうして時間を置いてあげることで、またまっすぐに伝えたい、その気持ちになれたら、伝えることを再開するようにしてみましょう。

098

×

NGな一言

「だってあなただって、やってくれないじゃない」

←

○

通じ合う一言

「私も苦手なことをやるから、
あなたも一緒に協力してくれるとうれしい」

相手にも自分にも悪いところがある、
という意識を持つ

「痛み分け」という言葉があります。

これは、「相手も悪い部分があるけれど、私にも至らない部分があった」と、相手と自分の苦しみを分け合う意味です。

どうしても喧嘩になると、「どちらがより悪いのか」という戦いになりがちですよね。特に、普段愛情を我慢で表現している人ほど、それは顕著に出てしまいます。「相手が拒絶したなら、私だって拒絶してやる」「私だってこんなに我慢しているのに、あなたは何もしていないじゃない」というように、つい爆発し、攻撃に変わってしまうことも……。

こうしたときは、**「どちらが悪いか戦争」をやめて、痛み分けの意識を取り入れてみましょう。**あなたも私も悪いところもある。こうして、あなたの意識をより対等に、公平なところに引き上げて会話をします。

といっても、「あなたも私も悪い！」とネガティヴな争いに引きずり下ろすのではなく、「お互いに改善していこうね」と、**より幸せの方向にお互いの意識を合わせることができれば、それだけで人生を豊かに変えていくことができます。**

「一緒に幸せになる」ことが何よりも大切なことなのです。

099

×

NGな一言

「それは○○して××して〜〜すればいいんじゃないの？」

→

○

通じ合う一言

「大変だったね、辛かったね。少し休んでね」

弱音には、アドバイスよりも
共感することが大切

男性にとって、弱音を吐くということはとても勇気のいることです。特に、**普段頑張っている男性であれば、「愛する人には、できれば自分のよいところや優れたところだけを見てほしい」というプライドを持っている**からです。にもかかわらず、男性が弱音を吐くということは、それだけあなたを信頼して「聞いてほしい」と癒《いや》しを求めているということなんですね。

けれど、こうした男性の「隠されたプライドと癒してもらいたい欲求」を理解せずに、言葉をそのまま受け止めてしまうと、つい「よかれと思って」彼にアドバイスをしてしまうことがあります。

もちろん、女性側も「彼の力になりたい」と願い、アドバイスをしていると思うのですが、結果的にそれは男性のプライドを傷つけてしまうことになりかねません。よかれと思ってしたことが、「自分の弱さを癒してくれるどころか、まるでダメ出しをされて改善を強要されているように感じる」と傷つき、心を閉ざしてしまうのです。

こんなときは**アドバイスをしたい気持ちをグッと抑えて、「相手の気持ちを理解し、話してくれたことを受け止める」ようにしてみましょう。**愛する人に弱さを受け止めてもらえた。その安心感によってまた自分自身の力で立ちあがる勇気を持てるようになるのです。

100

×

NGな一言

「そんなことよりもさ」

→

○

通じ合う一言

（相手の話はきちんと最後まで聞く）

そんなことよりも、と話題を変えられると
自信を失い、話す気力がなくなってしまう

自己重要感という言葉があります。これは、〝自分のことを重要だと思える〟自尊心のひとつです。人は、誰かから丁重に扱われたり大切にされたりすることで、「私はこの人から大切にされる存在なんだ」と自信を持つことができ、この自己重要感と自己重要感をくれた相手への信頼・好意を育てることができます。

けれど、普段から「そんなことよりも」というようなニュアンスで相手の話をはしょったり、最後まで話を聞かないことが続くと、この自己重要感がどんどん削られてしまいます。その結果、「自分は大切な存在ではないんだ」とどんどん自信を失ってしまい、話すことをあきらめるだけではなく、仕事までうまくいかなくなる、なんてことに……。

それだけ、**パートナーが自分をどう思ってくれているのかは、男性にとって大切なこと**なんですね。

ですので、**どんな話であっても、区切ることなく最後まで聞くことを心がけましょう。**

最後まであなたに聞いてもらいたいと思っているその心を受け止めてあげる。

話の内容が面白いかそうではないか、で判断することなく、話すことに含まれた彼の気持ちを受け取ってあげてくださいね。

あなたは彼にとって、誰よりも「聞いてほしい」と願うほど、大切な存在なのですから。

おわりに

私はマリアージュスクールという恋愛・婚活心理学の学校運営を通して、10年以上、愛に苦しむ女性たちの苦しみを見ながら一緒に歩んできました。

その中で、何より感じたことは、

「世間が言うほど、人はドライではない」

ということです。

今、さまざまなことがドライに、機械的なものとしてもてはやされます。まるで、この世界が愛や感情を失ってしまったようなものとして捉えられ、殺伐《さつばつ》としたニュースばかりが報道され、夫婦の形も、恋人の形も、「草食系」「レスが当然」「産後クライシス」などの言葉によって、愛そのものがなくなってしまったかのような、そんな表現をされてしまうことがあります。

でも、たくさんの女性の心に触れることで、私は決して世間で言われるような殺伐とした世界を皆が生きたいわけではない、ということを痛いほど実感してきました。

一見、ドライな表現の裏には、あいかわらず、愛し愛されたいという純粋な思いが眠っているのです。


この本は、とてもわかりやすい形で、愛を「伝え方」というテクニックというものに落とし込んでいます。でも私は、この本で、ただあなたにテクニックを知ってもらいたいのではありません。伝え方を通して、あなたがあなた自身の「彼を愛したいと思う尊い気持ち」に気づいてもらいたいと、そう思っています。

そして何よりも、その愛したいという気持ちこそが、この世界で一番価値のあるものだと、信じています。


愛が見えなくなってきた時代・愛を最初から見ようとしない時代に、苦しみながらも、人を愛そうとする。

そのあなたは、私の目から見て、とても美しい存在です。

だからこそ、どうか挫《くじ》けないでくださいね。大丈夫。あなたの想いは通じます。思いこそが、現実を、彼を動かす。

私は、愛を秘めたあなたが彼を動かす未来を、誰よりも信じています。

斎藤芳乃

その「どうしてわかってくれないの！」がなくなる
女子の言いかえ辞典

2023年8月5日　第1版第1刷

著　者　斎藤芳乃
発行者　伊藤岳人
発行所　株式会社廣済堂出版
〒101-0052　東京都千代田区神田小川町2-3-13 M&Cビル7F
電話 03-6703-0964（編集）03-6703-0962（販売）
Fax 03-6703-0963（販売）
振替 00180-0-164137
https://www.kosaido-pub.co.jp/

印刷・製本　株式会社暁印刷

ブックデザイン　石村紗貴子
出版エージェント　penlight 遠山怜　https://penlight .me/
本文DTP　株式会社明昌堂

ISBN978-4-331-52397-1 C0095